ちょっと贅沢なとっておきのレシピ

至福のシュークリーム

chou à la crème Capri

オーナーパティシエ

角島 瑞希

撮影協力　株式会社友安製作所

はじめまして、角島瑞希です。

私はシュークリームが大好きで、製菓の専門学校を卒業して

21歳のときにシュークリーム専門店を開業しました。

夢中でシュークリームを作っていたら気付けば5年が経ち、

商品化したシュークリームは80種類を超えました。

今でもシューが綺麗に膨らんでいく様子を見るのが毎日の楽しみです。

この本では、チャレンジしやすい分量で、

さまざまなレシピを紹介しています。

失敗することも多いシュークリーム作りですが、

基本のシュークリームでは注意するポイントを押さえ、

できるだけ丁寧に解説させていただいています。

また、他ではなかなか見かけることのないような

珍しいシュークリームもたくさんご紹介させていただいています。

この本を手にとってくださった皆さんが、

いろんなシュークリームをマスターして、

「得意なお菓子はシュークリーム！」と

仰っていただけるようになったらとても幸せです。

chou à la crème Capri

オーナーパティシエ　角島 瑞希

chapitre 1
ベーシックな生地のシュークリーム

[本書の使い方]

○ オーブンを使う際は必ず予熱してから使用してください。
○ 機種によって火の入り方などは異なりますので、お使いのオーブンに合わせて様子を見ながら調整してください。
○ 大さじ1=15mℓ、小さじ1=5mℓです。
○ 電子レンジは600Wのものを使用しています。500Wのものを使用するときは加熱時間を約1.2倍にしてください。
○ 本書ではわかりやすい表記にするため動物性脂肪のみで作られた生クリームにグラニュー糖等を加えて泡立てたものをホイップクリームとしています。そのため材料に出てくる生クリームは動物性脂肪に植物性脂肪を加えたクリームもしくは植物性脂肪のみのクリームではありません。

chapitre 2

クッキー生地の シュークリーム

chapitre 3

惣菜系 シュークリーム

材料について

シュークリームに使う材料はスーパーなどでも買えるような身近なものが多いです。好みに合わせて選びましょう。

A 生クリーム

ホイップクリームを作るときに使います。乳脂肪分が40%ぐらいのものがおすすめです。

B 牛乳

シュー生地、カスタードクリーム共に使用します。低脂肪の牛乳を使用すると淡白な味わいになってしまうためおすすめできません。

C 薄力粉

シュー生地、カスタードクリームのどちらにも使います。本書ではドルチェという商品を使用しています。

D 塩

味付けのほかに、シュー生地の成形にも役立ちます。

E 卵

全卵はシュー生地に、卵黄はカスタードクリームに使います。できるだけ新鮮なものにしましょう。

F グラニュー糖

甘味をつけるために使います。香りにクセのないものがおすすめです。

G バター

本書では全て食塩不使用のものを使用しています。保存するときはラップなどでしっかり包みましょう。

H バニラビーンズ

カスタードクリームに甘い香りをつけるときに使います。なければバニラオイルやバニラエッセンスで代用もできます。

I アーモンドパウダー

皮をむいたアーモンドを粉末にしたものです。クッキー生地を作るときに使います。

J 強力粉

サクッとした食感や歯切れの良さをもたらしてくれるので、本書ではよく使用しています。食べたときの印象は変わりますが、薄力粉でも代用できます。

＊本書ではバター、薄力粉、強力粉は富澤商店さん（https://tomiz.com/）で購入したものを使用しています。

道具について

本書のシュークリームを作るときに使う道具を紹介します。
使いやすい道具を選びましょう。

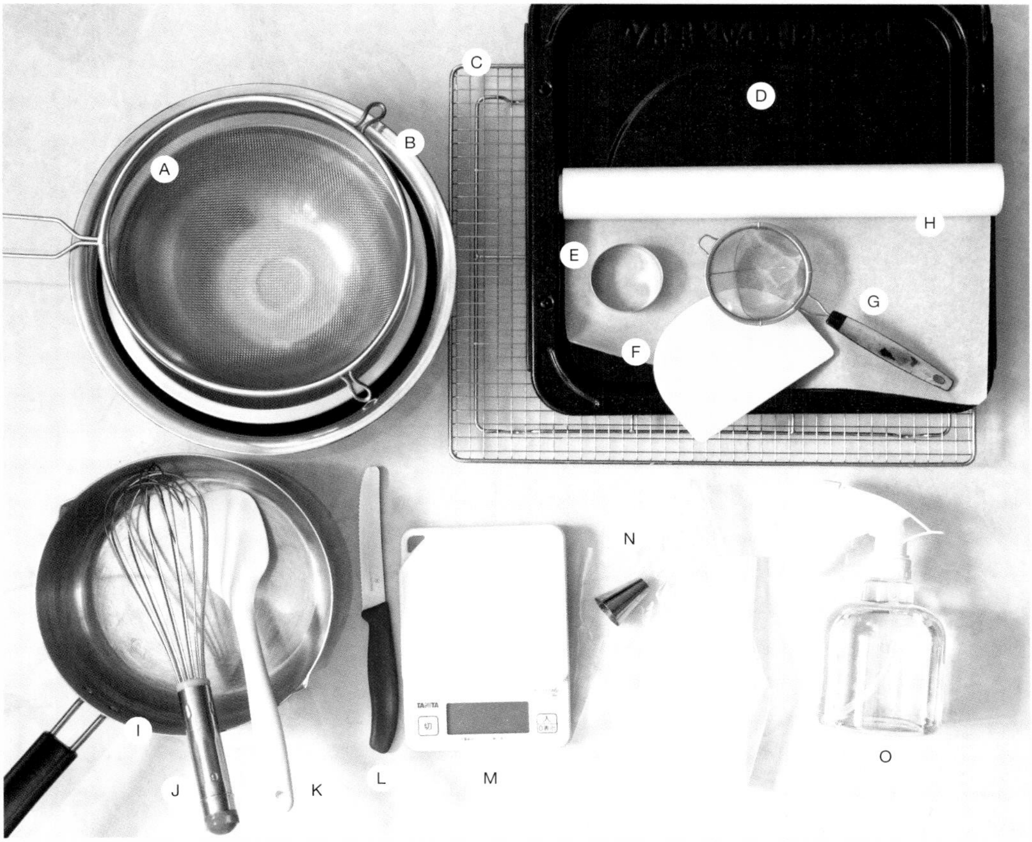

Ⓐ ザル
強力粉や薄力粉などの粉をふるうときなどに使います。必ず1つは用意しておきましょう。

Ⓑ ボウル
生地やクリームを混ぜたりするときに使います。大きさの違うものがあるととても便利です。

Ⓒ ケーキクーラー
焼きあがったシュー皮を冷ますときに使います。ある程度大きいもののほうが使い勝手がよいです。

Ⓓ 天板
オーブンについているもの、またはオーブンに合ったサイズのものを用意しましょう。

Ⓔ セルクル
クッキー生地を抜くときに使います。なければコップなどでも代用できます。

Ⓕ カード
絞り袋に入れたシュー生地やクリームを寄せるときに使います。あると便利です。

Ⓖ 茶こし
写真のように取っ手が付いているものを選びましょう。粉糖などをトッピングするときに使います。

Ⓗ オーブンシート
天板に生地がひっつくのを防ぎます。バターを薄く塗ることで代用することも可能です。

Ⓘ 片手鍋
底の角に丸みがあり、口径が小さく熱伝導の良いものがおすすめです。

Ⓙ 泡立て器
クリームや生地を混ぜたりするときに使います。自分の手の大きさに合ったものを選びましょう。

Ⓚ ゴムべら
材料を混ぜるときに使います。必ず耐熱仕様のものを選びましょう。

Ⓛ ブレッドナイフ
焼きあがったシュー皮を切るときに使います。切れ味の良いものを使用すると、クッキー生地も剥がれません。

Ⓜ デジタルスケール
材料の計量時に使います。お菓子作りは計量がとても大切なので必ず用意しましょう。

Ⓝ 絞り袋と口金
シュー生地やクリームを絞るときに使います。いくつか用意しておきましょう。

Ⓞ 霧吹き
シュー生地を焼く前に全体に水を吹きつけるために使います。

基本のシュー生地の作り方

上手にシュークリームを作るために、
一つひとつ丁寧に準備しましょう。作り始める前に、
あらかじめこのページに目を通し、段取りを確認しておくのもポイント。
スムーズに作れると完成度はグッと上がるはずです。

材 料
（12個分）

牛乳 …… 60g
水 …… 60g
無塩バター …… 52g
グラニュー糖 …… 2g
塩 …… 1g
A［薄力粉 …… 47g
　 強力粉 …… 47g
全卵 …… 135g前後

下準備

・バターは1cm角の大きさに切る。
・Aは合わせてふるう。
・全卵はボウルに入れ泡立て器でよくほぐし、
　常温に戻す。
・天板にオーブンシートをしく。
・オーブンを180度に予熱する。

作り方

1 牛乳、水、塩、バター、グラニュー糖を鍋に入れ弱火で温める。

2 沸騰しないようにバターを溶かし、全て溶けたら中火にする。

point
②の状態から沸騰するまで、焦げない程度に鍋全体を混ぜながら温める。

3 ボコボコと沸騰するまで温めたら、すぐに火を止めて、Aを鍋に入れる。

4 粉が完全になじむまでしっかり混ぜる。粉が残っているとダマの元になるので混ぜ残しに気をつける。

5 ひとかたまりになったら、再び中火にかける。鍋底に薄く膜が張るまで全体を手早く30秒ほど混ぜる。

さらに上手に
シュー生地を
作るために

①,②の工程時には水分をなるべく蒸発させないようにするため、口径の小さい鍋を使うのがおすすめ。またシュー生地を焼いている間は絶対にオーブンを開けないでください。オーブンの中の温度が下がり、生地がしぼむ原因になってしまいます。

6 火からおろし、全卵の½量を加え液体がなくなるまで混ぜる。残りの全卵の⅓量を加え液体がなくなるまで混ぜる。これをあと2回繰り返す。

point

全卵は入れすぎると戻せないので、生地の硬さを確認しながら加えていく量を調整する。

7 生地の硬さを確認する。生地をすくって垂らしたときに、逆三角形を作りゆっくりと流れ落ちる状態を目指す。

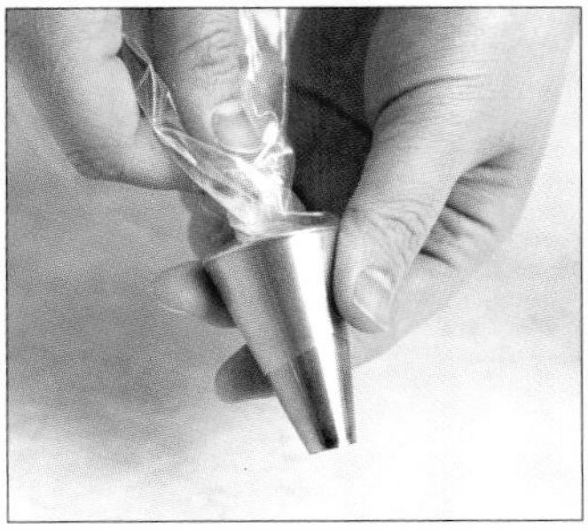

point

絞り袋に口金を付けるときは、口金よりも少し上の部分の袋をねじって押し込む。

8 生地を入れやすくするため、絞り袋を持ち手のあたりで折り返してコップにさす。

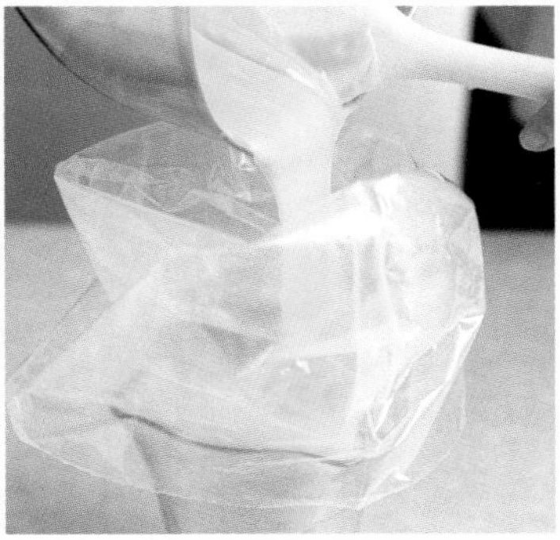

9 生地を絞り袋に詰める。このとき空気をあまり入れないように気をつける。

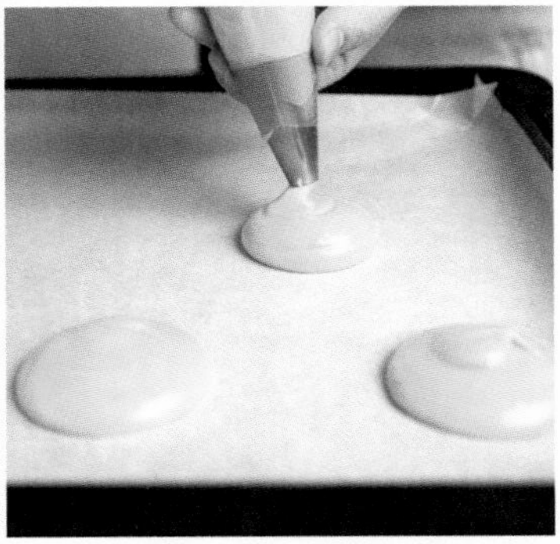

10 天板と口金の先端を1cm程度あけてほぼ真上の位置から絞る。4cmほどの大きさになったら口金を手早く回転させて生地をきる。

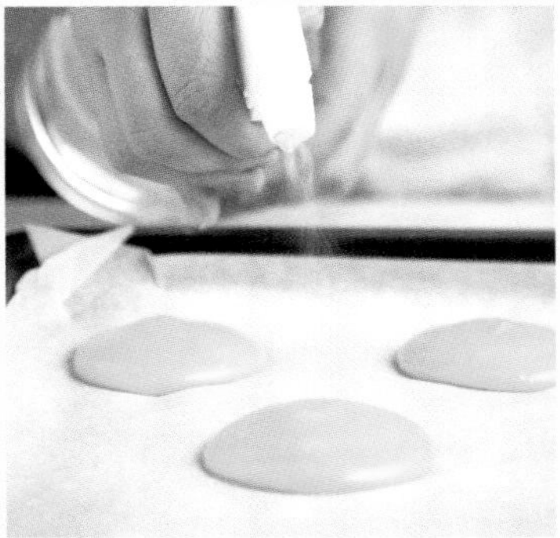

11 全体にたっぷりと霧吹きをする。フォークもしくは水をつけた指で表面をならし、生地がまだ温かいうちに予熱したオーブンへ入れる。

12 温度を170度にして28分を目安に焼く。割れ目にも焼き色がついたらしっかりと焼けた目安になる。

基本のディプロマットクリームの作り方

ディプロマットクリームとはカスタードクリームとホイップクリームを
混ぜ合わせたクリームのことを指します。
ここではクリームの作り方と最後の仕上げを紹介します。

材料
（12個分）

〔カスタードクリーム〕
牛乳 …… 300g
バニラビーンズ …… 3cm
卵黄 …… 90g
グラニュー糖 …… 65g
A［薄力粉 …… 14g
　 強力粉 …… 14g
無塩バター …… 15g

〔ホイップクリーム〕
生クリーム …… 150g
グラニュー糖 …… 15g

〔トッピング〕
粉糖 …… 適量

下準備

- バニラビーンズのさやは縦に半分に切り開き、種をしごきだす。
- Aは合わせてふるう。

作り方

1 牛乳とバニラビーンズの種、さやを鍋に入れ、中火にかける。

2 ボウルに卵黄とグラニュー糖を入れ、全体が均一になるまでしっかり混ぜる。

3 Aを加え、塊がなくなるまで円を描くように、混ぜる。

4 ①がふつふつしてきたら火を止め、半量を③に加えて円を描くように混ぜる。混ざったら残りの半量も加えて混ぜる。

5 ザルで濾しながら鍋へ戻す。このときにバニラビーンズのさやを取り除く。

6 鍋を強火にかけて焦げないようにゆっくりと混ぜる。鍋の縁や底のほうが硬くなりはじめたら泡立て器を立てて鍋底全体をしっかり混ぜる。

さらに美味しく
クリームを
作るために

③の工程時には粉を混ぜすぎないように気を付けましょう。ここで混ぜすぎてしまうとグルテンが出てしまい、口溶けの悪いクリームになってしまいます。⑨でホイップクリームを作るときには泡立てすぎないようにしましょう。やりすぎてしまうと口当たりが悪くなってしまいます。

point

全体が沸騰してからさらに混ぜると、急に柔らかくなり艶がでてくるので、ここで火を止める。

7 バターを加えてまぜる。バターが溶けてからさらに20回ほどを目安に混ぜる。

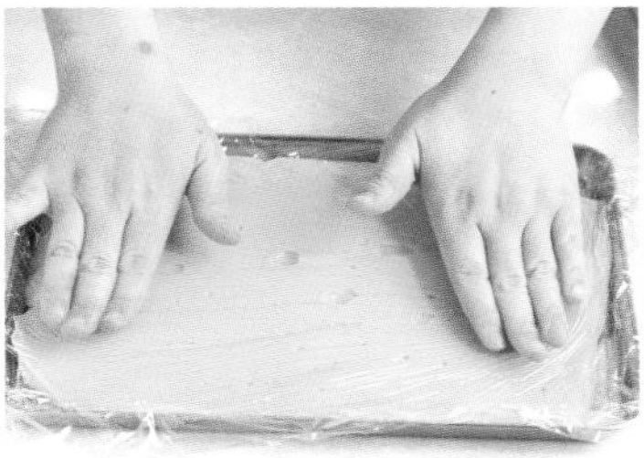

8 大きめのバットまたはボウルに移し、空気が入らないようにラップを密着させて急冷する。

point

カスタードクリームの粗熱を取るために冷凍庫などに入れる。急速に冷やすことで雑菌の繁殖を防ぐ。ひんやりするまで冷めたら冷蔵庫で保存する。

9 ボウルに生クリームとグラニュー糖を入れ、下に氷水を入れたボウルをかましながら泡立てる。軽くツノが立つ程度の7〜8分立てにする。

10 ⑧をボウルでほぐしてなめらかにする。⑨の半量を加え、しっかり混ぜる。

11 残りの⑨を加え、マーブル状になるまでざっくり混ぜる。

12 シュー皮の下に箸やナイフで穴を開ける。そこに、口金をつけた絞り袋に詰めた⑪を絞る。

13 茶こしで粉糖をかける。

シュー生地の絞り方アレンジ

シュークリームには基本の丸い形だけではなく様々な形があります。
3種類のアレンジを紹介します。

エクレア

シュークリームの
アレンジと言えばこの形。
基本の形を覚えたら
次はこの形を覚えましょう。

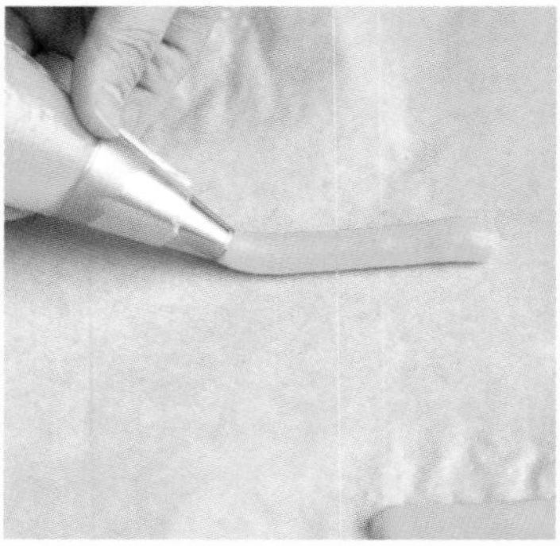

天板と口金の先端を1cm程度あけて真上の位置から絞る。13cmほどの長さになったら力を抜き、逆方向に絞りきる。

天板全体にたっぷりと霧吹きをする。フォークもしくは水をつけた指で表面をならし、綺麗な棒状に整える。

サークル

あらかじめオーブンシートの
裏側に目安になる
円を描いておくと
綺麗に絞ることができます。

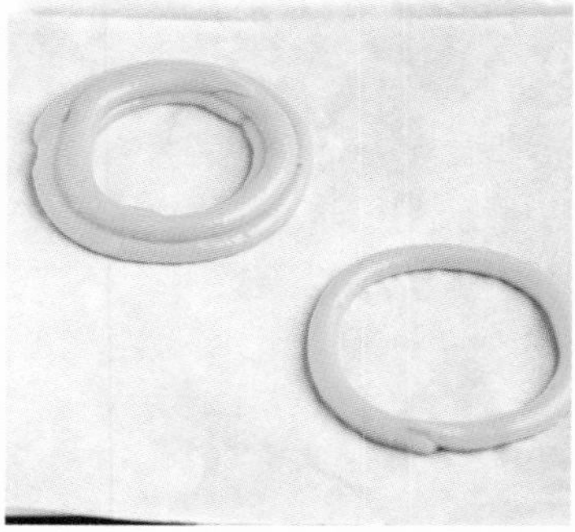

生地を二重の円になるように絞りさらにその上に三重の目の円を絞る。となりに一重の円(三重目と同サイズ)を絞る。

天板全体にたっぷりと霧吹きをする。フォークもしくは水をつけた指で表面をならす。

プチシュー

かわいらしい一口サイズの
シュークリーム。
通常のものよりも小さいから
気軽につまみたくなります。

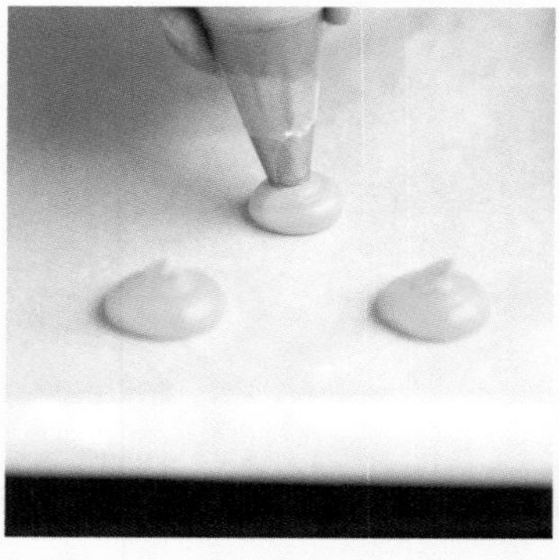

天板と口金の先端を1cm程度あけて真上の位置から絞る。2cmほどの大きさになったら口金を回転させて生地をきる。

天板全体にたっぷりと霧吹きをする。フォークもしくは水をつけた指で表面をならす。

シュークリームの組み立て

仕上げの組み立てについて紹介します。
クリームの硬さによって向き不向きもありますが、いろんなバリエーションを試してみましょう。

［絞り袋を使う］

シュー皮の上から⅓辺りを平行に切る。

絞り袋に詰めたカスタードクリームをたっぷりと絞る。

別の絞り袋に詰めたホイップクリームをカスタードクリームの上にたっぷりと絞る。

［スプーンを使う］

シュー皮の上から⅓辺りを平行に切る。

スプーンを使いカスタードクリームをたっぷりと中に入れる。

同様にスプーンを使いホイップクリームをカスタードクリームの上にたっぷりとのせる。

［エクレアの場合］

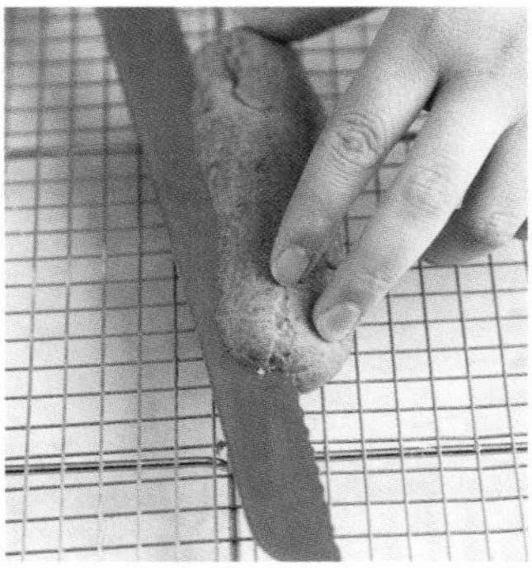

シュー皮の上から半分辺りを平行に切る。

絞り袋に詰めたカスタードクリームをたっぷりと絞る。

別の絞り袋に詰めたホイップクリームをカスタードクリームの上にたっぷりと絞る。

上手にシュークリームを作るために

身近だけれども上手に作るのが難しいシュークリーム。
このページではシュークリームを作る過程で感じる疑問についてお答えします。
自分の中の疑問を解決することで安定した完成度を目指しましょう。

生地について

01. 生地をオーブンに入れると膨らむのはなぜ?

シュークリームの生地は、水分が多く粘りがあるためです。オーブンの熱で生地の中の水分が水蒸気となり、外へ出ようとします。そのときに粘りのある生地が、水蒸気が外に出るのを防ぐことによって、膨張した水蒸気が風船のように生地を押し拡げるため、膨らむのです。

02. 薄力粉と強力粉を加えたあと、さらに火にかけて練るのはなぜ?

01の回答でもあったように、膨らますために重要なポイントとなる、粘りとのびのある生地を作るためです。薄力粉と強力粉に含まれるデンプンは、十分な水分と87℃以上の熱で糊化するといわれています。薄力粉と強力粉を生地に加えて混ぜると一旦温度が下がってしまうので、再加熱することで温度を上げ、糊化を進めます。

03. 粉を加えた後の生地をどの程度まで火にかけて混ぜればいいのか、わかりません。

温度計があれば、生地の中心温度が80度前後に達しているかを確認してみましょう。加熱しすぎてしまうと油脂がにじみ出て生地が分離してしまいます。そのため中心温度は80度前後がよい温度なのです。鍋底に薄い膜が張るのも加熱時間の確認の目安になります。

04. オーブンシートがない場合はどうする?

天板に薄くバターを塗り、生地を絞りましょう。テフロン加工が施された天板の場合は、直に絞ることもできます。

05. 生地に加える全卵は冷たくても大丈夫?

冷たい全卵を加えてしまうと、焼成時の生地の温度が下がり膨らみが悪くなります。常温になるまで待つか、少し温めてから加えましょう。

06. 絞り出したシュー生地に霧吹きで水分を吹き付けるのはなぜ?

生地の乾燥を遅らせて、より大きく膨らませるためです。表面が乾燥してしまうと膨らみが悪くなるため、霧吹きで水分を与えてシュー生地の表面が焼き固まるまでの時間を延ばし、生地を膨らませます。天板に水が溜まらない程度を目安に、生地にたっぷり吹き付けましょう。

07. フォークで表面をならすのはなぜ?

生地のツノが立っていると一部が焼けすぎてしまったり、歪な形に膨らみやすくなります。それを防ぐのが理由です。適したフォークがない場合は水をつけた指でならしてもいいでしょう。

08. よく膨らんでいたシュー皮が、オーブンから出した途端にしぼんだ原因は?

シュー皮の空洞を満たしている水蒸気を含む空気は、オーブンから出して温度が下がった途端、体積が小さくなります。そのとき、まだシュー皮が生焼けの柔らかい生地だと、内側に引っ張られしぼんでしまいます。焼成中にオーブンを開けたくなっても、シュー生地の外側がしっかりと焼けるまではグッとこらえましょう。

09. シュー皮の賞味期限や保存方法は?

できるだけ当日中に食べきるのがおすすめです。すぐに食べないシュー皮は早めにラップに包み冷凍庫で保存しましょう。保存したシュー皮を美味しく食べるには、180度のオーブンで2分半ほど焼くとできたてに近い状態になります。保存の目安は家庭の冷凍庫だと7日ほどです。味や食感の劣化も少なく、冷凍焼けなどのリスクも低く保存できると思います。

10. もっと少ない個数をつくりたいのですが、分量を減らせば大丈夫?

本書は安定して作りやすい分量を目安にレシピを掲載しています。慣れてきたら自分の作りやすい分量で作っていただいても大丈夫です。ただ材料が少ないと、焦げやすくなったり、全卵の量の調節が難しかったり、水分の蒸発によって生地が硬くなりやすかったりなど失敗につながる可能性が高くなってしまうので注意しましょう。

クリームについて

01. カスタードクリームを強火でたくのはなぜですか？

弱火でゆっくりとたくと、粘りのもととなるグルテンが出すぎてしまい、糊っぽくて口に残る美味しくないカスタードクリームになってしまうからです。強火で焦がさないように気をつけながら、短時間でたきあげて口溶けの良いカスタードクリームを作りましょう。

02. なめらかなカスタードクリームを作るポイントは？

ポイントは3つあります。「粉をきっちりふるうこと」「粉を卵黄に加えたら、かたまりがなくなるまで綺麗に混ぜてから牛乳を入れること」「たき始めの硬さが出てくるときに手早く全体をしっかり混ぜること」です。一つひとつの作業を丁寧にすることでなめらかなカスタードクリームになります。

03. カスタードクリームを一気に冷やす理由は？

雑菌の繁殖を防ぐのが大きな理由です。雑菌が繁殖しやすい温度帯（20度～40度）の時間が長くならないように、薄くのばしてできるだけ早く温度を下げるようにしましょう。

04. おすすめの生クリームの％は？

パッケージに書かれている35％、47％などの数字は乳脂肪分の量です。乳脂肪分の少ないものは軽い口当たりであっさりした味わい、保形性は弱めです。乳脂肪分の多いものは濃厚でコクがあり、保形性は高めになります。程よいコクがあり保形性もある40％前後のものがおすすめです。ただ基本的には好みに合わせて使っていただいて問題ありません。

05. バニラビーンズをバニラオイルやバニラエッセンスで代用する場合は、どのタイミングで加えればいいですか？

バニラオイルはカスタードクリームをたき上げ、バターやリキュールを加えるのと同じタイミングで入れましょう。バニラエッセンスは耐熱性がないので、冷ましたあとにカスタードクリームをほぐすタイミングで入れるのがベストです。

06. グラニュー糖以外の砂糖でも代用できますか？

グラニュー糖ではなく上白糖で作った場合は、ほんのりと甘みの感じ方が変わったり、食感が変わったりする程度です。大きな違いはないので代用は可能です。三温糖や黒糖などブラウンシュガーを使うと独特な香りが加わります。フルーツ系のクリームなどは特に香りで味わいが変化するので使用する砂糖に合わせたレシピの調整が必要です。

07. クリームの賞味期限や保存方法は？

冷蔵で1～2日が目安です。保存する場合は、極力空気に触れないようにラップを密着させて包む、もしくは絞り袋などに詰め、できるだけ早めに食べきりましょう。冷凍保存はできません。

アレンジレシピ

シュー皮が余ってしまったときにすぐに作れるレシピを紹介します。
上手に作れなかったシュー皮でも美味しく食べられます！

シューラスク

材料

シュー皮 …… 100g
グラニュー糖 …… 28g
無塩バター …… 15g

作り方

1 シュー皮を6等分に切り、内側を上に向けて天板に並べる。
2 125度に設定したオーブンで35分〜45分を目安に、しっかりと水分がとぶまで焼く。
3 2をボウルに移し、グラニュー糖をまぶす。
4 レンジで溶かしたバターを回しかける。

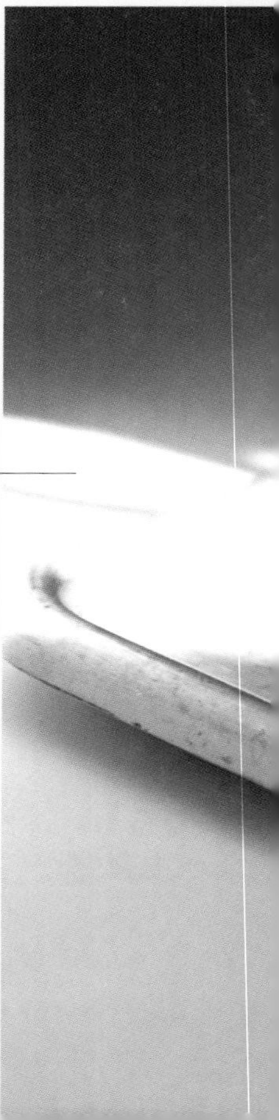

シューアイス

材料（1個分）

シュー皮 …… 1個
お好みのアイス …… 50g

作り方

1 シュー皮の上から半分辺りを平行に切り、ディッシャーですくったアイスをサンドする。

＊ディッシャーがない場合はスプーンでも代用できます。

CH HAMLET

recette de choux
à la crème

chapitre 1

ベーシックな生地のシュークリーム

シュークリームの基本を覚えたら少しだけレベルを上げて、トッピングをしたり、中に詰めるクリームをアレンジしたりしてみましょう。バリエーションが広がることでさらに美味しいシュークリームを作ることができます！

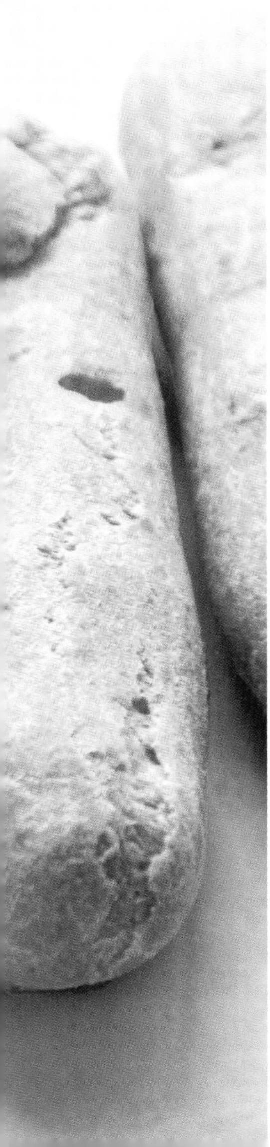

トッピングについて

基本と同じシュー生地でも、トッピングをすることで
味わいは大きく変わってきます。自分好みのトッピングを見つけてみましょう。

[チョコレート]

レンジまたは湯煎でチョコレートを溶かす。

シュー皮の上から⅓辺りにチョコレートを付ける。

チョコレートが固まるまでケーキクーラーなどで冷ます。

[フォンダン]

レンジまたは湯煎でフォンダンを溶かす。

シュー皮の上から⅓辺りにフォンダンを付ける。

フォンダンが固まるまでケーキクーラーなどで冷ます。

[アーモンド]

生地を絞ったら全体にたっぷりと霧吹きをする。

フォークなどで平らになるように表面をならす。

アーモンドダイスを上にかける。焼けると生地が膨らむので中心部分にたっぷりとかける。

chocolat

チョコレート

シュー皮、クリーム、仕上げまでチョコレートがたっぷり。
チョコレート好きへ捧ぐシュークリームです。

材料
（12個分）

〔シュー生地〕
牛乳 …… 60g
水 …… 60g
無塩バター …… 52g
グラニュー糖 …… 2g
塩 …… 1g
A［薄力粉 …… 40g
　強力粉 …… 40g
　ココア（粉末）…… 6g
全卵 …… 135g前後

〔チョコレートクリーム〕
B［牛乳 …… 280g
　卵黄 …… 90g
　グラニュー糖 …… 60g
　薄力粉 …… 20g
チョコレート …… 65g

〔ホイップクリーム〕
生クリーム …… 100g
グラニュー糖 …… 10g

〔トッピング〕
コーティング用チョコレート
…… 100g

下準備

〔シュー生地〕
・バターは1㎝角の大きさに切る。
・Aは合わせてふるう（a）。
・全卵はボウルに入れ泡立て器でよくほぐし、常温に戻す。
・天板にオーブンシートをしく。
・オーブンを180度に予熱する。
〔チョコレートクリーム〕
・薄力粉はふるう。
・チョコレートは耐熱ボウルに入れ、レンジで50秒ほど温めるか、
湯煎をして、半溶かしにする。

a

作り方

1 p10～11を参照してシュー皮を作る。

《チョコレートクリームを作る》
2 p12～13の①～⑥を参照してBの材料でカスタードクリームをたく。
3 2に半溶かしにしたチョコレートを入れる。全体が均一になるまで混ぜる。
4 大きめのバットまたはボウルに移し、空気が入らないようにラップを密着させ、
冷凍庫に入れて急冷する。

《ホイップクリームを作る》
5 ボウルに生クリームとグラニュー糖を入れ、下に氷水を入れたボウルをかましながら泡立てる。
軽くツノが立つ7～8分立てにする。
6 4をボウルでほぐしてなめらかにする。5の半量を加え、混ぜる。
7 残りの5を加え、均一になるまで混ぜる。
8 シュー皮の下にナイフもしくは箸で穴を開けて、口金をつけた絞り袋に詰めた7を絞る。
9 レンジまたは湯煎でトッピング用のチョコレートを溶かす。
シュー皮の表面の⅓程度をチョコレートにくぐらせて固まるまで冷ます。

fraise

いちご

みんな大好きいちごのシュークリーム。
コーティングチョコもつけてダブルで美味しい。

材 料
（12個分）

〔シュー生地〕
牛乳 …… 60g
水 …… 60g
無塩バター …… 52g
グラニュー糖 …… 2g
塩 …… 1g
A［薄力粉 …… 47g
　 強力粉 …… 47g
全卵 …… 135g前後

〔トッピング〕
ストロベリーチョコレート …… 100g
ストロベリー（ドライフレーク）…… 適量

〔いちごクリーム〕
B［牛乳 …… 90g
　 いちごピューレ …… 207g
　 フランボワーズピューレ …… 45g
　 卵黄 …… 72g
　 グラニュー糖 …… 63g
　 薄力粉 …… 27g
無塩バター …… 6g
レモン汁 …… 3g
粉ゼラチン …… 2g

〔ホイップクリーム〕
生クリーム …… 100g
グラニュー糖 …… 10g

下準備

〔シュー生地〕
・バターは1cm角の大きさに切る。
・Aは合わせてふるう。
・全卵はボウルに入れ泡立て器でよくほぐし、常温に戻す。
・天板にオーブンシートをしく。
・オーブンを180度に予熱する。
〔いちごクリーム〕
・ピューレは小さめにカットする。
・粉ゼラチンは使用するメーカー規定の水、時間でふやかす。
・薄力粉はふるう。

作り方

1 p10〜11を参照してシュー皮を作る。

《いちごクリームを作る》
2 いちごピューレとフランボワーズピューレ、牛乳を鍋に入れて中火にかける(a)。

3 p12〜13の②〜⑥を参照していちごクリームをたく。
⑦の工程時にバターとレモン汁、ふやかしたゼラチンを加える。

4 大きめのボウルまたはバットに移し、空気が入らないようにラップを密着させ、
冷凍庫に入れて急冷する。

《ホイップクリームを作る》
5 生クリームにグラニュー糖を入れ、下に氷水を入れたボウルをかましながら泡立てる。
軽くツノが立つ7〜8分立てにする。

6 4をボウルでほぐしてなめらかにする。5の半量を加え、混ぜる。

7 残りの5を加え、均一になるまで混ぜる。

8 シュー皮の下にナイフもしくは箸で穴を開けて、口金をつけた絞り袋に詰めた7を絞る。

9 レンジまたは湯煎でトッピング用のストロベリーチョコレートを溶かす。
シュー皮の表面の1/3程度をチョコレートにくぐらせる。
ストロベリーをのせて固まるまで冷やします。

抹茶

抹茶の美味しさを引き出す上品な甘さの配合です。
いいお抹茶を使うとより本格的なお味になりますよ。

材料
（12個分）

〔シュー生地〕
牛乳 …… 60g
水 …… 60g
無塩バター …… 52g
グラニュー糖 …… 2g
塩 …… 1g
A［薄力粉 …… 40g
　 強力粉 …… 40g
　 抹茶（粉末）…… 5g
全卵 …… 135g前後

〔抹茶クリーム〕
牛乳 …… 350g
卵黄 …… 86g
グラニュー糖 …… 76g
B［薄力粉 …… 25g
　 抹茶（粉末）…… 13g

〔ホイップクリーム〕
生クリーム …… 50g
グラニュー糖 …… 5g

〔トッピング〕
抹茶（粉末）…… 適量

下準備

〔シュー生地〕
・バターは1cm角の大きさに切る。
・Aは合わせてふるう。
・全卵はボウルに入れ泡立て器でよくほぐし、常温に戻す。
・天板にオーブンシートをしく。
・オーブンを180度に予熱する。
〔抹茶クリーム〕
・Bは合わせてふるう（a）。

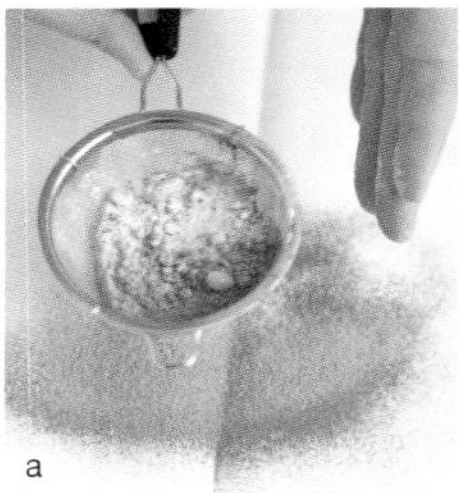
a

作り方

1 p10〜11を参照してシュー皮を作る。

《抹茶クリームを作る》
2 p12〜13を参照して抹茶クリームを作る。

3 シュー皮の下にナイフもしくは箸で穴を開けて、口金をつけた絞り袋に詰めた2を絞る。

4 茶こしで抹茶をかける。

matcha

caramel

キャラメル

優しい甘みと香ばしい香りが口の中でとろけます。
キャラメルの焦がし加減はお好みで調整してください。

材料
（12個分）

〔シュー生地〕
牛乳 …… 60g
水 …… 60g
無塩バター …… 52g
グラニュー糖 …… 2g
塩 …… 1g
A［ 薄力粉 …… 47g
　　強力粉 …… 47g
全卵 …… 135g前後

〔キャラメルホイップクリーム〕
生クリーム …… 220g
水 …… 10g
グラニュー糖 …… 50g

〔カスタードクリーム〕
牛乳 …… 240g
卵黄 …… 75g
グラニュー糖 …… 58g
B［ 薄力粉 …… 15g
　　強力粉 …… 15g
無塩バター …… 13g

〔トッピング〕
アーモンドダイス …… 適量

下準備

〔シュー生地〕
・バターは1cm角の大きさに切る。
・Aは合わせてふるう。
・全卵はボウルに入れ泡立て器でよくほぐし、常温に戻す。
・天板にオーブンシートをしく。
・オーブンを180度に予熱する。
〔カスタードクリーム〕
・Bは合わせてふるう。
〔トッピング〕
・アーモンドダイスはほんのり色づくまでオーブンでローストする。

作り方

1 p10〜11を参照してシュー皮を作る。⑪の工程時に表面をならした後にアーモンドをかける。

《キャラメルホイップクリームを作る》

2 小鍋に生クリームを入れ、中火にかける。沸騰直前まで温めたら火を止める。

3 別鍋に水とグラニュー糖を入れ、中火にかける。濃いきつね色になるまで煮詰めて火を止める。

4 2を少しずつ注ぎながら混ぜ合わせる。＊熱い蒸気が上がるので注意する。

5 4に氷水を入れたボウルをかまし、混ぜながら冷ます。

《カスタードクリームを作る》

6 p12〜13の①〜⑦を参照してカスタードクリームをたく。

7 大きめのボウルまたはバットに移し、空気が入らないようにラップを密着させて
冷凍庫に入れて急冷する。

8 5をボウルに入れ、下に氷水を入れたボウルをかましながら泡立てる。
軽くツノが立つ7〜8分立てにする。

9 7をボウルでほぐしてなめらかにする。8の半量を加え、混ぜる。

10 残りの8を加え、均一になるまで混ぜる。

11 シュー皮の下にナイフもしくは箸で穴を開けて、口金をつけた絞り袋に詰めた10を絞る。

tiramisu

ティラミス

イタリアンの王道デザート“ティラミス”をシュークリームに。
マスカルポーネクリームとエスプレッソクリームのダブルシューです。

材料
（12個分）

〔シュー生地〕
牛乳 …… 60g
水 …… 60g
無塩バター …… 52g
グラニュー糖 …… 2g
塩 …… 1g
A ［ 薄力粉 …… 40g
　 強力粉 …… 40g
　 ココア（粉末）…… 6g
全卵 …… 135g前後

〔マスカルポーネクリーム〕
B ［ 牛乳 …… 86g
　 卵黄 …… 35g
　 グラニュー糖 …… 53g
　 薄力粉 …… 8g
マルサラ酒 …… 4g
粉ゼラチン …… 1.5g
マスカルポーネ …… 180g

〔エスプレッソクリーム〕
牛乳 …… 210g
卵黄 …… 65g
グラニュー糖 …… 50g
C ［ 薄力粉 …… 8g
　 強力粉 …… 8g
インスタントコーヒー（粉末）…… 4g
お湯 …… 3g

〔トッピング〕
ココア（粉末）…… 適量

下準備

〔シュー生地〕
・バターは1㎝角の大きさに切る。
・Aは合わせてふるう。
・全卵はボウルに入れ泡立て器でよくほぐし、常温に戻す。
・天板にオーブンシートをしく。
・オーブンを180度に予熱する。
〔マスカルポーネクリーム〕
・粉ゼラチンは使用するメーカー規定の水、時間でふやかす。
・薄力粉はふるう。
・マスカルポーネは大きさに余裕があるボウルに量っておく。
〔エスプレッソクリーム〕
・Cは合わせてふるう。

作り方

1 p10～11を参照してシュー皮を作る。

《マスカルポーネクリームを作る》

2 p12～13の①～⑥を参照してBの材料でカスタードクリームをたく。
　＊基本のカスタードクリームよりも少し柔らかめ状態になる。

3 2にマルサラ酒とふやかしたゼラチンを加える。全体が均一になるまで混ぜる。

4 マスカルポーネをほぐし、3を4回に分けて加える。加えるたびになめらかになるように混ぜる。

5 大きめのバットまたはボウルに移し、空気が入らないようにラップを密着させ、冷凍庫に入れて急冷する。

《エスプレッソクリームを作る》

6 インスタントコーヒーにお湯を加え、綺麗に溶けるまで混ぜる。

7 p12～13の①～⑥を参照してカスタードをたく。そこに6を加え、全体が均一になるまで混ぜる。

8 大きめのバットまたはボウルに移し、空気が入らないようにラップを密着させ、冷凍庫に入れて急冷する。

9 シュー皮の下にナイフもしくは箸で穴を開ける。

10 5と8をそれぞれ口金をつけた絞り袋に詰め、層になるように絞る。

11 茶こしでココアをかける。

NYチーズケーキ

とろけるチーズクリームとサクサクシュー皮は相性抜群！
できたてを頬張れるのもお菓子作りの醍醐味ですね。

材料
（12個分）

〔シュー生地〕
牛乳 …… 60g
水 …… 60g
無塩バター …… 52g
グラニュー糖 …… 2g
塩 …… 1g
A［薄力粉 …… 47g
　 強力粉 …… 47g
全卵 …… 135g前後

〔チーズクリーム〕
C［牛乳 …… 280g
　 卵黄 …… 94g
　 グラニュー糖 …… 113g
　 B［薄力粉 …… 17g
　 　 強力粉 …… 17g
クリームチーズ …… 120g
レモン汁 …… 4g
粉ゼラチン …… 1.2g

〔ホイップクリーム〕
生クリーム …… 80g
グラニュー糖 …… 8g

下準備

〔シュー生地〕
・バターは1cm角の大きさに切る。
・Aは合わせてふるう。
・全卵はボウルに入れ泡立て器でよくほぐし、常温に戻す。
・天板にオーブンシートをしく。
・オーブンを180度に予熱する。
〔チーズクリーム〕
・Bは合わせてふるう。
・粉ゼラチンは使用するメーカー規定の水、時間でふやかす。
・クリームチーズは大きさに余裕があるボウルに量っておく。

作り方

1 p10～11を参照してシュー皮を作る。

《チーズクリームを作る》
2 p12～13の①～⑥を参照してCの材料でカスタードクリームをたく。
基本のカスタードクリームよりも少し柔らかめの状態になる。

3 2にレモン汁とふやかしたゼラチンを加える。全体が均一になるまで混ぜる。

4 クリームチーズをほぐし、3を4回に分けて加える（a）。
加えるたび全体が均一になるまで混ぜる。

5 大きめのバットまたはボウルに移し、
空気が入らないようにラップを密着させ、冷凍庫に入れて急冷する。

《ホイップクリームを作る》
6 ボウルに生クリームとグラニュー糖を入れ、
下に氷水を入れたボウルをかましながら泡立てる。
しっかりとツノが立つ8～9分立てにし、口金をつけた絞り袋に詰める。

7 ナイフでシュー皮の上から⅓辺りを切る。
そこに口金をつけた絞り袋に詰めた5と6を絞る。

fromage

éclair

カフェ エクレール

ほろ苦いコーヒークリームはちょっぴり大人のお味。
甘いものが苦手な方でもぺろっと食べられるかも。

レシピ → p38－39

カフェ エクレール

材料

（15個分）

〔シュー生地〕

牛乳 …… 60g

水 …… 60g

無塩バター …… 52g

グラニュー糖 …… 2g

塩 …… 1g

A［薄力粉 …… 47g

　 強力粉 …… 47g］

全卵 …… 135g前後

粉糖 …… 適量

〔コーヒークリーム〕

C［牛乳 …… 300g

　 卵黄 …… 90g

　 グラニュー糖 …… 60g

　 B［薄力粉 …… 15g

　　 強力粉 …… 15g］］

インスタントコーヒー（粉末）

…… 4g

お湯 …… 3g

〔ホイップクリーム〕

生クリーム …… 100g

グラニュー糖 …… 15g

練乳 …… 5g

〔トッピング〕

フォンダン …… 80g

コーヒーエキス

（製菓用・5倍濃縮）…… 8g

チョコペン …… 適量

下準備

〔シュー生地〕

- バターは1cm角の大きさに切る。
- Aは合わせてふるう。
- 全卵はボウルに入れ泡立て器でよくほぐし、常温に戻す。
- 天板にオーブンシートをしく。
- オーブンを180度に予熱する。

〔コーヒークリーム〕

- Bは合わせてふるう。

作り方

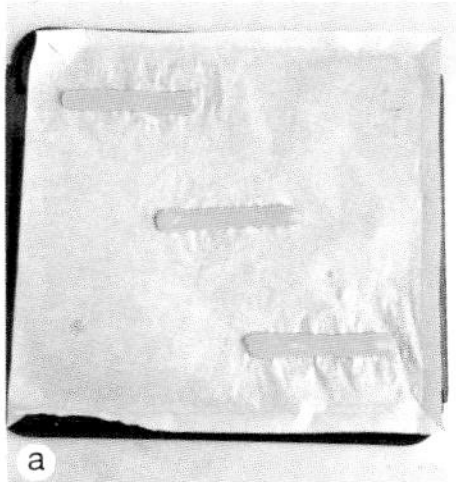
a

1　p10～11の①～⑦を参照してシュー生地を作る。

2　口径12～15㎜の丸口金をつけた絞り袋に入れ、13㎝ほどの棒状に絞る。

3　天板全体にたっぷりと霧吹きし、綺麗な棒状に整える(a)。

4　大きな亀裂が入るのを防ぐために生地の表面に粉糖をかける。

5　180度で予熱したオーブンで温度を160度にして35分ほど焼く。
＊水分を飛ばし、サクッと焼きたいので、焼き始めから30分ほど経ったら約8秒、5cmほどオーブンの扉を開けて蒸気を抜く。

《 コーヒークリームを作る 》

6　インスタントコーヒーにお湯を加え、綺麗に溶けるまで混ぜる。

7　p12～13の①～⑥を参照してCの材料でカスタードクリームをたく。そこに6を加え、均一になるまで混ぜる。

8　大きめのバットまたはボウルに移し、空気が入らないようにラップを密着させ、冷凍庫に入れて急冷する。

9　**《 ホイップクリームを作る 》**
ボウルに生クリームとグラニュー糖、練乳を入れ、下に氷水を入れたボウルをかましながら泡立てる。軽くツノが立つ7～8分立てにする。

10　8をボウルでほぐしてなめらかにする。9の半量を加え、混ぜる。

11　残りの9を加え、均一になるまで混ぜる。

《 フォンダンを作る 》

12　フォンダンをレンジか湯煎で人肌程度の温度になるように温める。

13　12にコーヒーエキスを加え、均一になるまで混ぜる。

14　シュー皮の底に2箇所ほどナイフもしくは箸などで穴を開け、口金をつけた絞り袋に詰めた11を絞る。

15　シュー皮の表面を下にして1/3程度までフォンダンをつける。前後に揺すりながら縦に持ち上げて起こし、中央に指の腹をすべらせて余分なフォンダンを落とす。

16　チョコペンでラインを描く。

saint-honoré

サントノーレ

カラメルでコーティングしたプチシューを重ねた伝統菓子。
パリブレストと同じクリームを使っています。

レシピ → p42

paris-brest

パリブレスト

フランスの首都パリと西部の都市ブレスト間で行われた
自転車レースを機に作られた伝統菓子。
工程が多いので一つひとつ丁寧に作業しましょう

レシピ → p43

サントノーレ

材料
（23台分）

〔プチシュー生地〕
牛乳 …… 60g
水 …… 60g
無塩バター …… 52g
グラニュー糖 …… 2g
塩 …… 1g
A ［ 薄力粉 …… 47g
　 ［ 強力粉 …… 47g
全卵 …… 135g前後
ビスケット（直径8cm程度）…… 6枚

〔カラメル〕
グラニュー糖 …… 100g
水 …… 10g

＊プチシュー生地は作りやすい分量です。少量で作ると上手に作りにくいので、クリームに対しての量が多くなっています。

下準備

〔プチシュー生地〕
・バターは1cm角の大きさに切る。
・Aは合わせてふるう。
・全卵はボウルに入れ泡立て器でよくほぐし、常温に戻す。
・天板にオーブンシートをしく。
・オーブンを180度に予熱する。

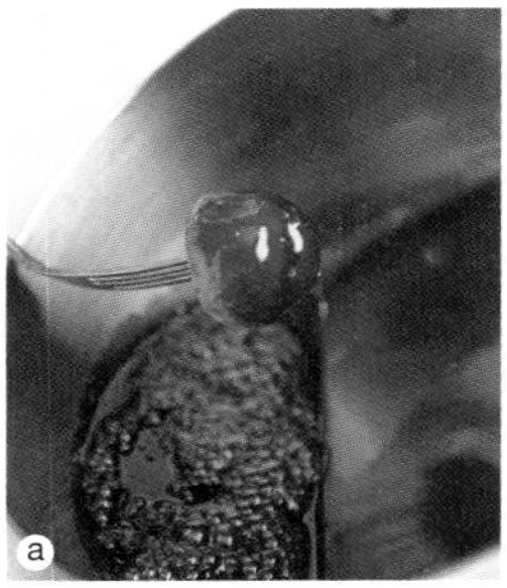

作り方

1 p10～11の①～⑨を参照してプチシュー生地を作る。

2 プチシューの生地は2cm弱の大きさを目安に天板に丸形に絞る。

3 天板全体にたっぷりと霧吹きをする。フォークなどで表面をならし、生地がまだ温かいうちに180度で予熱したオーブンへ入れる。

4 温度を170度にして20分を目安に焼く。割れ目にも焼き色がついたらしっかりと焼けた目安になる。

5 プチシューの下に箸などで穴を開け、ディプロマットクリーム（p44～45参照）を絞る。

《カラメルを作る》

6 鍋にグラニュー糖と水を入れて強火にかける。混ぜずに、周りが茶色く色づいてくるまで待つ。

7 色づいてきたら弱火にし、鍋をゆっくり回して色を均一にする。全体がこげ茶色になったら火を止める。

8 プチシューの裏側にフォークをさしてカラメルを上半分につける（a）。ケーキクーラーの上に置いて冷ます。＊熱いので気をつけて作業をする。

9 ビスケットの上に少しだけディプロマットクリームを絞る。

10 9の上に3つのプチシューを綺麗にのせディプロマットクリームで固定する（b）。

11 プチシューの間にクレームムースリーヌ（p44～45参照）を下から上に向かって絞る。

12 中心にもクレームムースリーヌを絞り、その上にもプチシューをのせる。

パリブレスト

材料
（2台分）

〔パリブレスト生地〕
牛乳 …… 60g
水 …… 60g
無塩バター …… 52g
グラニュー糖 …… 2g
塩 …… 1g
A［薄力粉 …… 47g
　 強力粉 …… 47g
全卵 …… 135g前後

〔トッピング〕
アーモンドダイス …… 適量
粉糖 …… 適量

下準備

〔パリブレスト生地〕
・バターは1cm角の大きさに切る。
・Aは合わせてふるう。
・全卵はボウルに入れ泡立て器でよくほぐし、常温に戻す。
・天板にオーブンシートをしく。
・オーブンを180度に予熱する。

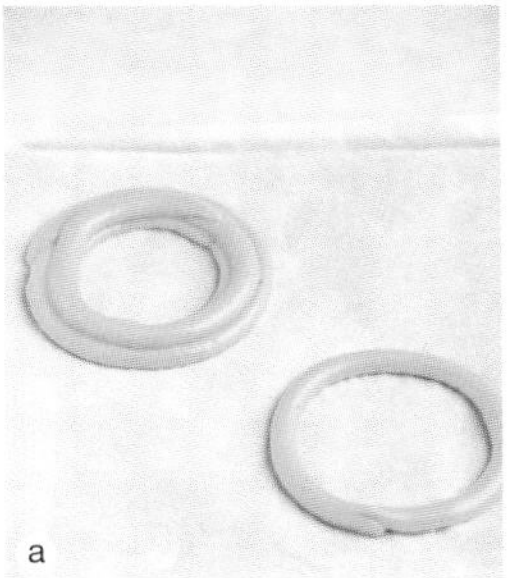

a

b

作り方

1 p10～11の①～⑨を参照してパリブレスト生地を作る。
p14中段を参照して本体となる生地と中に挟む生地の2種類を絞る。

2 (本体の生地) 12cmを目安に内側と外側が接する二重の円になるように絞る (a左上)。
さらに二重丸の接している部分に重ねるようにもう一つ円を絞る。
＊3つの円を絞るときに絞り始めを全てずらすと綺麗に絞れる。

3 (中に挟む生地) 12cmを目安に絞る (a右下)。

4 天板全体にたっぷりと霧吹きをする。フォークなどで表面をならし、
本体となる生地にはアーモンドをかける。
生地がまだ温かいうちに180度で予熱したオーブンへ入れる。

5 温度を170度にして20分を目安に焼く。
割れ目にも焼き色がついたらしっかりと焼けた目安になる。

6 本体の皮を半分にカットして、下の面にディプロマットクリーム (p44～45を参照) を絞る。
その上に中に挟む生地をのせる。

7 中に挟む生地の外側から上に向かってクレームムースリーヌを絞る (b)。
外側を一周したら、内側も同様に絞る。

8 本体のシュー生地を上にのせて茶こしで粉糖をかける。

クレームムースリーヌ

カスタードクリームにバター、キャラメルアーモンドペーストを合わせた、濃厚なクリームです。少し工程が多くなりますが、手間をかける価値のある美味しいクリームです。今回は同じクリームで、2種類のスイーツを提案しました。

a

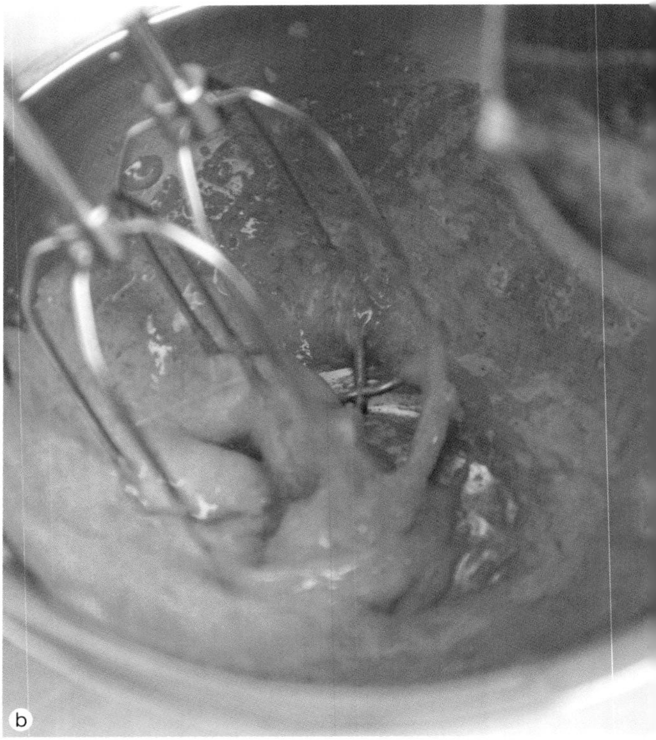

b

材料　（サントレーノ6台分/パリブレスト1台分）

〔カスタードクリーム〕
牛乳……290g
卵黄……90g
グラニュー糖……70g
A［薄力粉……18g
　 強力粉……18g
無塩バター……15g

〔ホイップクリーム〕
生クリーム……50g
グラニュー糖……5g

〔パータボンブ〕
卵黄……30g
グラニュー糖……52g
水……15g

〔クレームオブール〕
パータボンブ……24g
無塩バター……56g

〔クレームムースリーヌ〕
カスタードクリーム……200g
クレームオブール……80g
プラリネアマンド……26g

下準備

〔カスタードクリーム〕
・Aは合わせてふるう。

作り方

《 カスタードクリームを作る 》

1 p12～13の①～⑦を参照してカスタードクリームをたく。大きめのボウルまたはバットに移し、空気が入らないようにラップを密着させて冷凍庫に入れて急冷する。冷えたら200gをクレームムースリーヌ用、残りをディプロマットクリーム用に分けておく。

《 ホイップクリームを作る 》

2 ボウルに生クリームとグラニュー糖を入れ、下に氷水を入れたボウルをかましながら泡立てる。軽くツノが立つ7～8分立てにする。

3 ディプロマットクリーム用のカスタードをボウルでほぐしてなめらかにする。2の半量を加え、混ぜる。

4 残りの2を加え、均一になるまで混ぜ、口金をつけた絞り袋に詰める。

《 パータボンブを作る 》

5 グラニュー糖と水を鍋に入れ、ボコボコと沸騰するまで温める(a)。

6 卵黄をハンドミキサーで混ぜながら5を少しずつそそぎ入れる。人肌程度の温度まで下がりもったりするまで混ぜ続ける(b)。

《 クレームオブールを作る 》

7 ボウルに6(24g)とバターを入れ混ぜ合わせる(c)。

《 クレームムースリーヌを作る 》

8 とっておいたカスタードクリームをほぐし、7とプラリネアマンドを混ぜ合わせ(d)、星口金をつけた絞り袋に詰める。

*クリームの絞り方や仕上げについてはサントノーレならp42、パリブレストならp43を参照する。

recette de choux
à la crème

chapitre 2

クッキー生地のシュークリーム

サクッとしたシュー皮を味わいたいならクッキー生地のシュークリームにチャレンジしてみましょう。1パーツ分工程を増やすだけで、ノーマルシューとはまた違った味わいを楽しむことができますよ。

クッキー生地の作り方

本書では薄力粉だけではなくアーモンドパウダーも加えて
クッキー生地を作ります。薄力粉だけのものよりもアーモンドの
風味やコクが加わるのでより美味しいクッキー生地になります。

材料（12個分）

- 無塩バター …… 50g
- グラニュー糖 …… 30g
- A
  - アーモンドパウダー …… 8g
  - 薄力粉 …… 65g

下準備

- ・バターは常温に戻す。
- ・Aは合わせてふるう。

作り方

1 ボウルに入れたバターをほぐす。

2 グラニュー糖を加えて均一になるまで混ぜる。※生地に色をつける場合、色素等はここで加える。

3 Aを加え、切るように混ぜてひとまとまりにする。

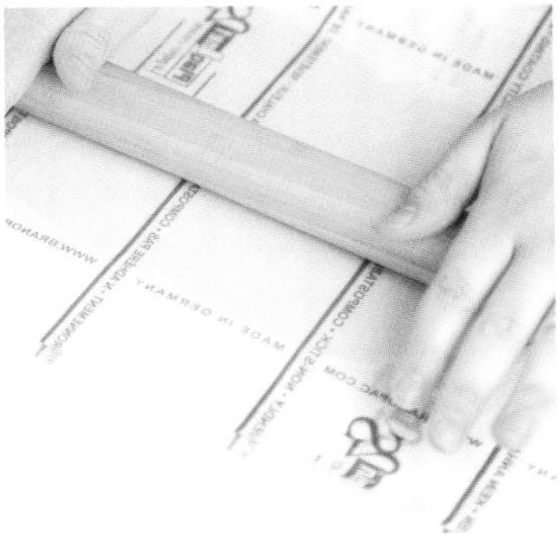

4 ③をオーブンシートなどで挟み、2～3㎜の厚みになるように伸ばし、冷凍庫に入れておく。

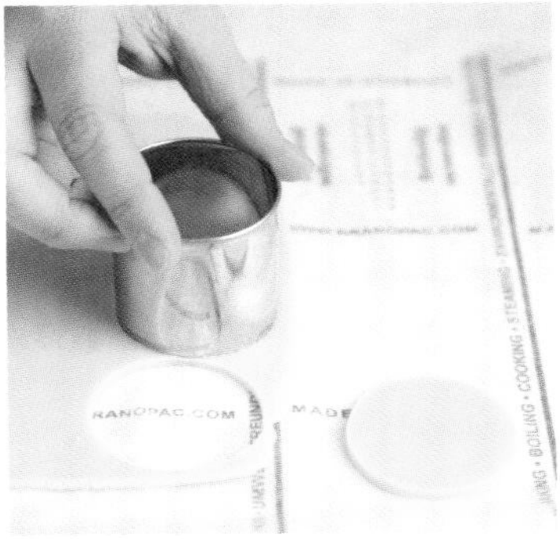

5 直径4.5㎝ほどのセルクルで冷凍しておいたクッキー生地を抜いていく。

6 天板に絞ったシュー生地の上にのせる。通常のシュー生地と同じようにオーブンで焼く。

ほうじ茶

芳ばしいほうじ茶が上品に香る、和風のクリーム。
ミルク感を調整し、口当たり軽く仕上げました。

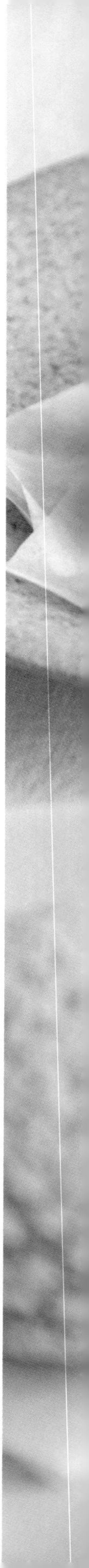

材料
（12個分）

〔シュー生地〕
牛乳 …… 60g
水 …… 60g
無塩バター …… 52g
グラニュー糖 …… 2g
塩 …… 1g
A［薄力粉 …… 47g
　 強力粉 …… 47g
全卵 …… 135g前後

〔クッキー生地〕
無塩バター …… 50g
グラニュー糖 …… 30g
B［アーモンドパウダー …… 8g
　 薄力粉 …… 65g

〔ほうじ茶クリーム〕
水 …… 100g
ほうじ茶（茶葉）…… 14g
牛乳 …… 300g
卵黄 …… 60g
グラニュー糖 …… 62g
薄力粉 …… 30g
無塩バター …… 18g

〔ホイップクリーム〕
生クリーム …… 120g
グラニュー糖 …… 10g

下準備

〔シュー生地〕
・バターは1cm角の大きさに切る。
・Aは合わせてふるう。
・全卵はボウルに入れ泡立て器でよくほぐし、常温に戻す。
・天板にオーブンシートをしく。
・オーブンを180度に予熱する。

〔クッキー生地〕
・バターは常温に戻す。
・Bは合わせてふるう。

〔ほうじ茶クリーム〕
・薄力粉はふるう。

作り方

1 p47の①～⑤を参照してクッキー生地を作る。

2 p10～11の①～⑩を参照してシュー生地を作る。

3 天板全体にたっぷりと霧吹きし、表面をならしたあとに1をのせる。
シュー生地がまだ温かいうちに予熱したオーブンへ入れる。

4 温度を170度にして28分を目安に焼く。

a

《ほうじ茶クリームを作る》

5 鍋に水と茶葉を入れて中火にかける。
鍋の縁がふつふつするぐらいまで温まったら火を止め、ラップをして5分間蒸らす。

6 もう一度ふつふつするぐらいまで温め、目の細かいザルなどで濾す（a）。そこに牛乳を加える。

7 6をベースにp12～13の①～⑧を参照してほうじ茶クリームをたき、冷凍庫に入れて急冷する。

8 大きめのボウルまたはバットに移し、空気が入らないようにラップを密着させ、
冷凍庫に入れて急冷する。

《ホイップクリームを作る》

9 ボウルに生クリームとグラニュー糖を入れ、下に氷水を入れたボウルをかましながら泡立てる。
軽くツノが立つ7～8分立てにする。

10 8をボウルでほぐしてなめらかにする。9の半量を加え、混ぜる。

11 残りの9を加え、均一になるまで混ぜる。

12 シュー皮の下にナイフもしくは箸などで穴を開けて、口金をつけた絞り袋に詰めた11を絞る。

thé vert torréfié

thé au lait

ロイヤルミルクティー

ミルクのコクと紅茶の艶やかな香りを閉じ込めたミルクティークリーム。
生クリームと一緒に口の中でとけ合います。

材料
（12個分）

〔シュー生地〕
牛乳 …… 60g
水 …… 60g
無塩バター …… 52g
グラニュー糖 …… 2g
塩 …… 1g
A［薄力粉 …… 47g
　強力粉 …… 47g
全卵 …… 135g前後

〔クッキー生地〕
無塩バター …… 50g
グラニュー糖 …… 30g
B［アーモンドパウダー …… 8g
　薄力粉 …… 65g

〔ミルクティークリーム〕
水 …… 100g
紅茶（ティーバッグ）…… 6つ
牛乳 …… 330g
卵黄 …… 65g
グラニュー糖 …… 68g
薄力粉 …… 28g
無塩バター …… 18g

〔ホイップクリーム〕
生クリーム …… 80g
グラニュー糖 …… 8g

下準備

〔シュー生地〕
・バターは1cm角の大きさに切る。
・Aは合わせてふるう。
・全卵はボウルに入れ泡立て器でよくほぐし、常温に戻す。
・天板にオーブンシートをしく。
・オーブンを180度に予熱する。

〔クッキー生地〕
・バターは常温に戻す。
・Bは合わせてふるう。
〔ミルクティークリーム〕
・薄力粉はふるう。

作り方

1 p47の①〜⑤を参照してクッキー生地を作る。

2 p10〜11の①〜⑩を参照してシュー生地を作る。

3 天板全体にたっぷりと霧吹きし、表面をならしたあとに1をのせる。
生地がまだ温かいうちに予熱したオーブンへ入れる。

4 温度を170度にして28分を目安に焼く。

《ミルクティークリームを作る》

5 鍋に水とティーバッグを入れて中火にかける。
鍋の縁がふつふつするぐらいまで温まったら火を止め、ラップをして5分間蒸らす。

6 5に牛乳を加える。もう一度ふつふつするぐらいまで温め、目の細かいザルなどで濾し、
ティーバッグを取り除く。

7 6をベースにp12〜13の①〜⑧を参照してミルクティークリームをたく。

8 大きめのボウルまたはバットに移し、空気が入らないようにラップを密着させ、冷凍庫に入れて急冷する。

《ホイップクリームを作る》

9 ボウルに生クリームとグラニュー糖を入れ、下に氷水を入れたボウルをかましながら泡立てる。
しっかりツノが立つ8〜9分立てにし、星口金をつけた絞り袋に詰める。

10 8をボウルでほぐしてなめらかにする。口金をつけた絞り袋に詰める。

11 シュー皮の上から⅓辺りを切る。そこに10を絞り、その上に9を絞る。切ったシュー皮をのせる。

sésame noir

黒ごま

香ばしい黒ごまを味わう和風シュークリーム。
素材の美味しさをダイレクトに感じられます。

材料
（12個分）

〔シュー生地〕
牛乳 …… 60g
水 …… 60g
無塩バター …… 52g
グラニュー糖 …… 2g
塩 …… 1g
A［薄力粉 …… 47g
　 強力粉 …… 47g
全卵 …… 135g前後

〔クッキー生地〕
無塩バター …… 50g
グラニュー糖 …… 30g
B［アーモンドパウダー …… 8g
　 薄力粉 …… 65g
　 竹炭パウダー …… 2g

〔黒ごまクリーム〕
牛乳 …… 210g
卵黄 …… 65g
グラニュー糖 …… 60g
C［薄力粉 …… 8g
　 強力粉 …… 8g
黒ごまペースト …… 58g
練乳 …… 10g

〔ホイップクリーム〕
生クリーム …… 200g
グラニュー糖 …… 16g

下準備

〔シュー生地〕
・バターは1㎝角の大きさに切る。
・Aは合わせてふるう。
・全卵はボウルに入れ泡立て器でよくほぐし、常温に戻す。
・天板にオーブンシートをしく。
・オーブンを180度に予熱する。
〔クッキー生地〕
・バターは常温に戻す。
・Bは合わせてふるう。
〔黒ごまクリーム〕
・Cは合わせてふるう。

作り方

1 p47の①〜⑤を参照してクッキー生地を作る。
2 p10〜11の①〜⑩を参照してシュー生地を作る。
3 天板全体にたっぷりと霧吹きし、表面をならしたあとに1をのせる。
生地がまだ温かいうちに予熱したオーブンへ入れる。
4 温度を170度にして28分を目安に焼く。

《黒ごまクリームを作る》
5 p12〜13の①〜⑥を参照してカスタードクリームをたく。
そこに黒ごまペーストと練乳を加え、混ぜる。
6 大きめのバットまたはボウルに移し、
空気が入らないようにラップを密着させ、冷凍庫に入れて急冷する。

《ホイップクリームを作る》
7 ボウルに生クリームとグラニュー糖を入れ、下に氷水を入れたボウルをかましながら泡立てる。
軽くツノが立つ7〜8分立てにする。
8 6をボウルでほぐしてなめらかにする。7の半量を加え、混ぜる。
9 残りの7を加え、均一になるまで混ぜる。
10 シュー皮の下にナイフもしくは箸で穴を開けて、口金をつけた絞り袋に詰めた9を絞る。

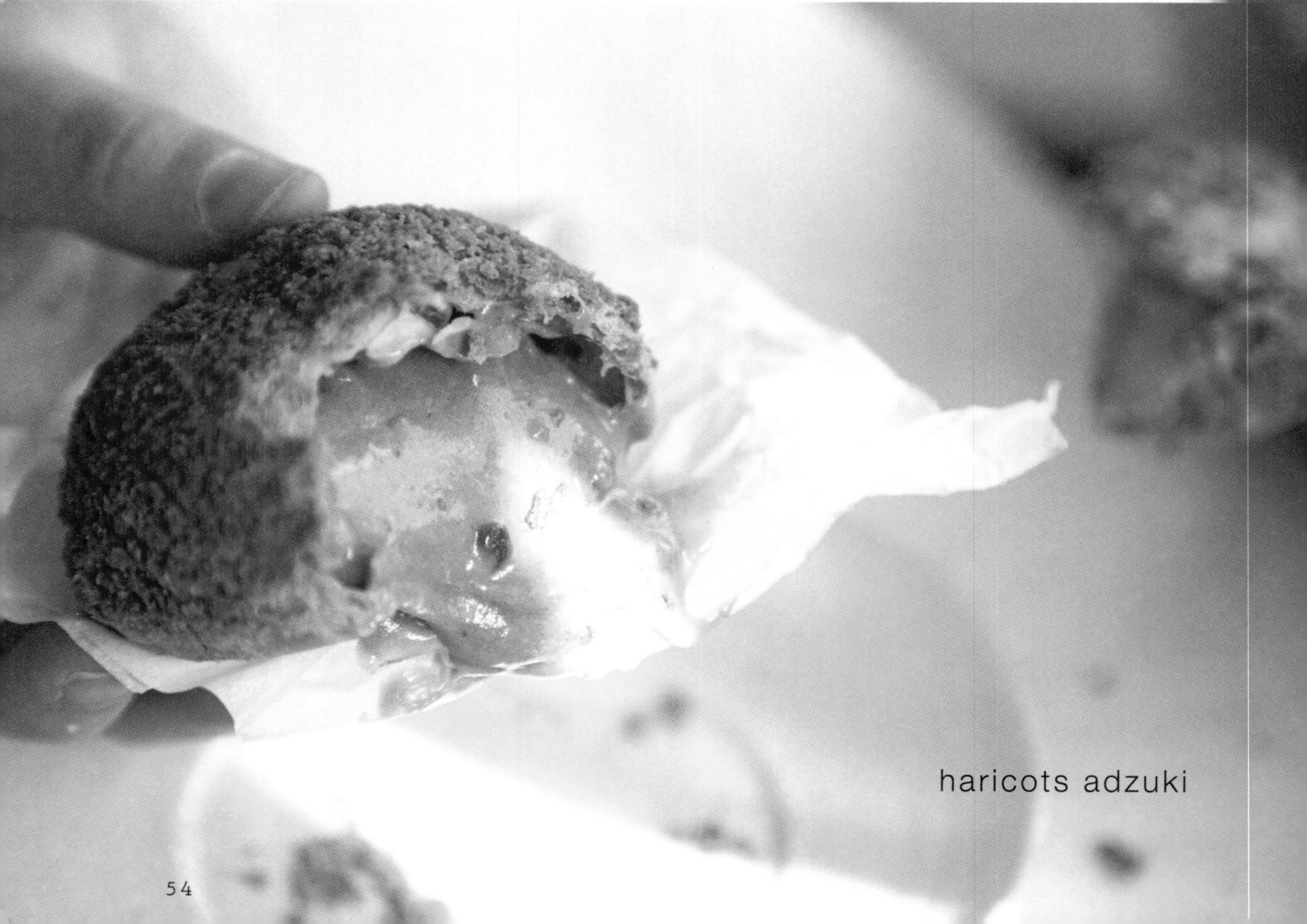

haricots adzuki

あずきミルク

あずきと練乳とクリーム。和洋折衷ですが間違いない組み合わせです。

材料
（12個分）

〔シュー生地〕
牛乳 …… 60g
水 …… 60g
無塩バター …… 52g
グラニュー糖 …… 2g
塩 …… 1g
A［薄力粉 …… 47g
　 強力粉 …… 47g
全卵 …… 135g前後

〔クッキー生地〕
無塩バター …… 50g
グラニュー糖 …… 30g
B［アーモンドパウダー …… 8g
　 薄力粉 …… 65g
食用色素（紫）…… 適量
食用色素（赤）…… 適量

〔カスタードクリーム〕
牛乳 …… 170g
卵黄 …… 53g
グラニュー糖 …… 41g
C［強力粉 …… 11g
　 薄力粉 …… 11g

〔塩あずきホイップクリーム〕
生クリーム …… 50g
グラニュー糖 …… 5g
練乳 …… 23g
塩 …… 0.3g
つぶあん …… 250g

下準備

〔シュー生地〕
・バターは1cm角の大きさに切る。
・Aは合わせてふるう。
・全卵はボウルに入れ泡立て器でよくほぐし、常温に戻す。
・天板にオーブンシートをしく。
・オーブンを180度に予熱する。

〔クッキー生地〕
・バターは常温に戻す。
・Bは合わせてふるう。

〔カスタードクリーム〕
・Cは合わせてふるう。

作り方

1 p47の①〜⑤を参照してクッキー生地を作る。

2 p10〜11の①〜⑩を参照してシュー生地を作る。

3 天板全体にたっぷりと霧吹きし、表面をならしたあとに1をのせる。
生地がまだ温かいうちに予熱したオーブンへ入れる。

4 温度を170度にして28分を目安に焼く。

《カスタードクリームを作る》

5 p12〜13の①〜⑦を参照してカスタードクリームをたく。

6 大きめのボウルまたはバットに移し、空気が入らないようにラップを密着させ、
冷凍庫に入れて急冷する。

《塩あずきホイップクリームを作る》

7 ボウルに生クリームとグラニュー糖を入れ、下に氷水を入れたボウルをかましながら泡立てる。
軽くツノが立つ7〜8分立てにする。そこに練乳、塩、つぶあんを順番に加え、混ぜる。

8 5をボウルでほぐしてなめらかにする。7の半量を加え、混ぜる。

9 残りの7を加え、均一になるまで混ぜる。

10 シュー皮の下にナイフもしくは箸で穴を開けて、口金をつけた絞り袋に詰めた9を絞る。

miel noir

黒蜜きな粉

きな粉クリームと黒蜜を詰めたシュー。
仕上げにふりかける追いきな粉がさらに美味しさを引き上げてくれます。

材料
（12個分）

〔シュー生地〕
牛乳 …… 60g
水 …… 60g
無塩バター …… 52g
グラニュー糖 …… 2g
塩 …… 1g
A［薄力粉 …… 47g
　 強力粉 …… 47g
全卵 …… 135g前後

〔クッキー生地〕
無塩バター …… 50g
グラニュー糖 …… 30g
B［アーモンドパウダー …… 8g
　 薄力粉 …… 65g

〔カスタードクリーム〕
牛乳 …… 240g
卵黄 …… 48g
グラニュー糖 …… 50g
C［薄力粉 …… 11g
　 強力粉 …… 11g

〔きな粉ホイップクリーム〕
きな粉 …… 32g
グラニュー糖 …… 40g
生クリーム …… 260g

〔トッピング〕
黒蜜 …… 50g
きな粉 …… 適量

下準備

〔シュー生地〕
・バターは1cm角の大きさに切る。
・Aは合わせてふるう。
・全卵はボウルに入れ泡立て器でよくほぐし、常温に戻す。
・天板にオーブンシートをしく。
・オーブンを180度に予熱する。

〔クッキー生地〕
・バターは常温に戻す。
・Bは合わせてふるう。

〔きな粉ホイップクリーム〕
・Cは合わせてふるう。

作り方

1 p47の①〜⑤を参照してクッキー生地を作る。

2 p10〜11の①〜⑩を参照してシュー生地を作る。

3 天板全体にたっぷりと霧吹きし、表面をならしたあとに1をのせる。
生地がまだ温かいうちに予熱したオーブンへ入れる。

4 温度を170度にして28分を目安に焼く。

《カスタードクリームを作る》

5 p12〜13のの①〜⑦を参照してカスタードクリームをたく。

6 大きめのボウルまたはバットに移し、空気が入らないようにラップを密着させ、冷凍庫に入れて急冷する。

《きな粉ホイップクリームを作る》

7 ボウルに入れたきな粉、グラニュー糖に少しずつ生クリームを加え、ダマにならないように混ぜ、硬さが出るまで泡立てる。

8 6をボウルでほぐしてなめらかにする。7の半量を加え、混ぜる。

9 残りの7を加え、均一になるまで混ぜる。

10 シュー皮の上から⅓辺りを平行に切る。

11 口金をつけた絞り袋に詰めた9を中に絞る。その上から絞り袋に詰めた黒蜜を絞る（a）。
＊黒蜜が緩い場合は温めて少しだけ水分を飛ばし、冷やしてから使うとよい。

12 切ったシュー皮を上にのせて、茶こしでシュー皮にきな粉をふる。

a

ピスタチオ

濃厚なピスタチオに練乳でミルキーさを少し加えた、
素材を存分に味わうシュークリーム。

材料
（12個分）

〔シュー生地〕
牛乳 …… 60g
水 …… 60g
無塩バター …… 52g
グラニュー糖 …… 2g
塩 …… 1g
A［薄力粉 …… 47g
　 強力粉 …… 47g
全卵 …… 135g前後

〔クッキー生地〕
無塩バター …… 50g
グラニュー糖 …… 30g
B［アーモンドパウダー …… 8g
　 薄力粉 …… 65g
食用色素（黄緑）…… 適量

〔ピスタチオクリーム〕
牛乳 …… 250g
卵黄 …… 78g
グラニュー糖 …… 60g
C［薄力粉 …… 16g
　 強力粉 …… 16g
ピスタチオペースト …… 33g

〔ホイップクリーム〕
生クリーム …… 138g
グラニュー糖 …… 33g
練乳 …… 33g

下準備

〔シュー生地〕
・バターは1cm角の大きさに切る。
・Aは合わせてふるう。
・全卵はボウルに入れ泡立て器でよくほぐし、常温に戻す。
・天板にオーブンシートをしく。
・オーブンを180度に予熱する。
〔クッキー生地〕
・バターは常温に戻す。
・Bは合わせてふるう。
〔ピスタチオクリーム〕
・Cは合わせてふるう。

作り方

1 p47の①〜⑤を参照してクッキー生地を作る。

2 p10〜11の①〜⑩を参照してシュー生地を作る。

3 天板全体にたっぷりと霧吹きし、表面をならしたあとに1をのせる。
生地がまだ温かいうちに180度で予熱したオーブンへ入れる。

4 温度を170度にして28分を目安に焼く。

《ピスタチオクリームを作る》

5 p12〜13の①〜⑥を参照してカスタードクリームをたき、
火から下ろしたらピスタチオペーストを加え、混ぜる。

6 大きめのバットまたはボウルに移し、空気が入らないようにラップを密着させ、
冷凍庫に入れて急冷する。

《ホイップクリームを作る》

7 ボウルに生クリームとグラニュー糖、練乳を入れ、
下に氷水を入れたボウルをかましながら泡立てる。軽くツノが立つ7〜8分立てにする。

8 6をボウルでほぐしてなめらかにする。7の半量を加え、混ぜる。

9 残りの7を加え、均一になるまで混ぜる。

10 シュー皮の下にナイフもしくは箸で穴を開けて、口金をつけた絞り袋に詰めた9を絞る。

pistache

キャラメルバナナ

濃厚なバナナクリームと生クリームにキャラメルソースを忍ばせて。
重厚感ある味わいがシュー皮にとてもよく合います。

材料
（15個分）

〔シュー生地〕
牛乳 …… 60g
水 …… 60g
無塩バター …… 52g
グラニュー糖 …… 2g
塩 …… 1g
A［薄力粉 …… 47g
　 強力粉 …… 47g
全卵 …… 135g前後

〔クッキー生地〕
無塩バター …… 50g
グラニュー糖 …… 30g
B［アーモンドパウダー …… 8g
　 薄力粉 …… 65g

〔バナナクリーム〕
C［バナナ …… 80g
　 レモン汁 …… 1g
　 牛乳 …… 240g
　 卵黄 …… 96g
　 グラニュー糖 …… 84g
　 薄力粉 …… 26g
無塩バター …… 10g
バナナリキュール …… 6g

〔ホイップクリーム〕
生クリーム …… 138g
グラニュー糖 …… 12g

〔キャラメルフィリング〕
水 …… 10g
グラニュー糖 …… 60g
生クリーム …… 58g

〔トッピング〕
粉糖 …… 適量

下準備

〔 シュー生地 〕
・バターは1cm角の大きさに切る。
・Aは合わせてふるう。
・全卵はボウルに入れ泡立て器でよくほぐし、常温に戻す。
・天板にオーブンシートをしく。
・オーブンを180度に予熱する。
〔 クッキー生地 〕
・バターは常温に戻す。
・Bは合わせてふるう。
〔 バナナクリーム 〕
・薄力粉はふるう。

banane et caramel

a

b

作り方

1 p47の①〜④を参照してクッキー生地を作る。13cm×1.5cmの大きさを目安にする。

2 p10〜11の①〜⑦を参照してシュー生地を作る。
口径12〜15mmの丸口金をつけた絞り袋に詰め、13cmほどの棒状に絞る。

3 天板全体にたっぷりと霧吹きし、表面をならしたあとに1をのせる。
生地がまだ温かいうちに予熱したオーブンへ入れる。

4 温度を165度にして35分を目安に焼く。

《 バナナクリームを作る 》

5 グラスにバナナとレモン汁、牛乳の⅓を入れ、ブレンダーで攪拌する(a)。

6 5と残りの牛乳を鍋に入れて中火にかける。

7 p12〜13の②〜⑦を参照してCの材料でバナナクリームをたく。
⑦の工程時にバナナリキュールを加える。＊通常のカスタードクリームより焦げやすいので注意する。

8 大きめのバットまたはボウルに移し、空気が入らないようにラップを密着させ、
冷凍庫に入れて急冷する。

《 ホイップクリームを作る 》

9 ボウルに生クリームとグラニュー糖を入れ、下に氷水を入れたボウルをかましながら泡立てる。
軽くツノが立つ7〜8分立てにし、50gはバナナクリーム用に取り分ける。
残りはしっかりとツノが立つ8〜9分立てにし、星口金をつけた絞り袋に詰める。

10 8をボウルでほぐしてなめらかにする。
9のホイップクリームから50gを加えて混ぜる。口金をつけた絞り袋に詰める。

《 キャラメルフィリングを作る 》

11 小鍋に水とグラニュー糖を入れ中火にかける。色づいてきたら生クリームを加えよく混ぜる(b)。
氷水を入れたボウルをかまして冷やす。粗熱が取れたら口金をつけた絞り袋に詰める。

12 シュー皮を半分に切る。下側のシュー皮に11、10、9の順に絞る。

13 上側のシュー皮を粉糖と11で飾り付けてかぶせる。

mangue

マンゴー

色味も綺麗なマンゴークリームとオレンジシューで見た目もお味もトロピカル！

材料
（12個分）

〔シュー生地〕
牛乳 …… 60g
水 …… 60g
無塩バター …… 52g
グラニュー糖 …… 2g
塩 …… 1g
A［薄力粉 …… 47g
　 強力粉 …… 47g
全卵 …… 135g前後

〔クッキー生地〕
無塩バター …… 50g
グラニュー糖 …… 30g
B［アーモンドパウダー …… 8g
　 薄力粉 …… 65g
食用色素（オレンジ色）…… 適量

〔マンゴークリーム〕
マンゴーピューレ …… 174g
パッションフルーツピューレ …… 33g
牛乳 …… 47g
卵黄 …… 92g
グラニュー糖 …… 105g
薄力粉 …… 25g
マンゴーリキュール …… 10g

〔ホイップクリーム〕
生クリーム …… 280g
グラニュー糖 …… 22g

下準備

〔シュー生地〕
・バターは1cm角の大きさに切る。
・Aは合わせてふるう。
・全卵はボウルに入れ泡立て器でよくほぐし、常温に戻す。
・天板にオーブンシートをしく。
・オーブンを180度に予熱する。

〔クッキー生地〕
・バターは常温に戻す。
・Bは合わせてふるう。

〔マンゴークリーム〕
・薄力粉はふるう。

作り方

1 p47の①〜⑤を参照してクッキー生地を作る。

2 p10〜11の①〜⑩を参照してシュー生地を作る。

3 天板全体にたっぷりと霧吹きし、表面をならしたあとに1をのせる。
生地がまだ温かいうちに予熱したオーブンへ入れる。

4 温度を170度にして28分を目安に焼く。

《マンゴークリームを作る》

5 マンゴーピューレとパッションフルーツピューレ、牛乳を鍋に入れて中火にかける。

6 p12〜13の②〜⑦を参照してマンゴークリームをたく。
⑦の工程時にマンゴーリキュールを加える。＊通常のカスタードクリームより焦げやすいので注意する。

7 大きめのバットまたはボウルに移し、空気が入らないようにラップを密着させ、
冷凍庫に入れて急冷する。

《ホイップクリームを作る》

8 ボウルに生クリーム、グラニュー糖を入れ、下に氷水を入れたボウルをかましながら泡立てる。
軽くツノが立つ7〜8分立てにし、50gはマンゴークリーム用に取り分ける。
残りはしっかりとツノが立つ8〜9分立てにし、ホイップクリームとして使用する。

9 7をボウルでほぐしてなめらかにし、8のホイップクリームから50gを加え、混ぜる。

10 シュー皮の上から⅓辺りを平行に切る。
口金をつけた絞り袋に詰めた9を絞り、ホイップクリームを上にのせる。

ananas

パインココ

ココナッツ香るカスタードにフレッシュパインをのせました。
見た目もかわいいフルーツシューです。

材料
（12個分）

〔シュー生地〕
牛乳 …… 60g
水 …… 60g
無塩バター …… 52g
グラニュー糖 …… 2g
塩 …… 1g
A［薄力粉 …… 47g
　 強力粉 …… 47g
全卵 …… 135g前後

〔クッキー生地〕
無塩バター …… 50g
グラニュー糖 …… 30g
B［アーモンドパウダー …… 8g
　 薄力粉 …… 65g

〔ココナッツカスタードクリーム〕
牛乳 …… 300g
バニラビーンズ …… 3cm
卵黄 …… 90g
グラニュー糖 …… 65g
C［薄力粉 …… 14g
　 強力粉 …… 14g
無塩バター …… 15g
ココナッツリキュール …… 20g

〔ホイップクリーム〕
生クリーム …… 200g
グラニュー糖 …… 16g

〔トッピング〕
パイン …… 適量
ココナッツファイン …… 適量

下準備

〔シュー生地〕
・バターは1cm角の大きさに切る。
・Aは合わせてふるう。
・全卵はボウルに入れ泡立て器でよくほぐし、常温に戻す。
・天板にオーブンシートをしく。
・オーブンを180度に予熱する。

〔クッキー生地〕
・バターは常温に戻す。
・Bは合わせてふるう。
〔ココナッツカスタードクリーム〕
・バニラビーンズのさやは縦に半分に切り開き、
　種をしごきだす。
・Cは合わせてふるう。
〔トッピング〕
・ココナッツはオーブンなどで
　ほんのり色づくぐらいまでローストする。
・パインは皮をむき、角切りにしたあと、
　キッチンペーパーなどで余分な水分を取る。

作り方

1 p47の①～⑤を参照してクッキー生地を作る。
2 p10～11の①～⑩を参照してシュー生地を作る。
3 天板全体にたっぷりと霧吹きし、表面をならしたあとに1をのせる。
　生地がまだ温かいうちに予熱したオーブンへ入れる。
4 温度を170度にして28分を目安に焼く。

《 ココナッツカスタードクリームを作る 》
5 p12～13の①～⑦を参照してココナッツカスタードクリームをたく。
　⑦の工程時にココナッツリキュールを加える。＊通常のカスタードクリームより焦げやすいので注意する。
6 大きめのバットまたはボウルに移し、空気が入らないようにラップを密着させ、冷凍庫に入れて急冷する。

《 ホイップクリームを作る 》
7 ボウルに生クリーム、グラニュー糖を入れ、下に氷水を入れたボウルをかましながら泡立てる。
　軽くツノが立つ7～8分立てにし、50gはココナッツカスタードクリーム用に取り分ける。
　残りは8～9分立てにし、ホイップクリームとして使用する。
8 6をボウルでほぐしてなめらかにする。
9 8に7のホイップクリームから50gを加えて混ぜる。口金をつけた絞り袋に詰める。
10 シュー皮を半分くらいの位置で切り、中に9を絞り、その上に残った7をのせる。
11 パインの角切り、ココナッツで飾り付け、シュー皮をのせる。

chocolat et orange

ショコラオランジュ

オレンジのお酒でほんのり香りづけしたチョコカスタードとチョコ生クリームのダブルシュー。
フレッシュオレンジを添えて。

材料（12個分）

〔シュー生地〕
牛乳 …… 60g
水 …… 60g
無塩バター …… 52g
グラニュー糖 …… 2g
塩 …… 1g
A［薄力粉 …… 47g
　 強力粉 …… 47g
全卵 …… 135g前後

〔クッキー生地〕
無塩バター …… 50g
グラニュー糖 …… 30g
B［薄力粉 …… 50g
　 ココア …… 6g

〔チョコレートクリーム〕
牛乳 …… 280g
卵黄 …… 90g
グラニュー糖 …… 60g
薄力粉 …… 20g
チョコレート …… 65g
オレンジリキュール …… 18g

〔ホイップクリーム〕
生クリーム …… 80g
グラニュー糖 …… 8g

〔チョコレート生クリーム〕
チョコレート …… 30g
生クリーム〈a〉 …… 25g
生クリーム〈b〉 …… 95g

〔トッピング〕
オレンジ …… 適量

下準備

〔シュー生地〕
・バターは1㎝角の大きさに切る。
・Aは合わせてふるう。
・全卵は泡立て器でよくほぐし、常温に戻す。
・天板にオーブンシートをしく。
・オーブンを180度に予熱する。

〔クッキー生地〕
・バターは常温に戻す。
・Bは合わせてふるう。

〔チョコレートクリーム〕
・薄力粉はふるう。
・チョコレートは耐熱ボウルに入れ、カスタードクリームをたく直前にレンジで50秒ほど温めるか、お湯の上で温めて、半溶かしにする。

作り方

1 p47の①〜⑤を参照してクッキー生地を作る。

2 p10〜11の①〜⑩を参照してシュー生地を作る。

3 天板全体にたっぷりと霧吹きし、表面をならしたあとに1をのせる。生地がまだ温かいうちに予熱したオーブンへ入れる。

4 温度を170度にして28分を目安に焼く。

《 チョコレートクリームを作る 》

5 p12〜13の①〜⑥を参照してカスタードクリームをたき、火から下ろしたらオレンジリキュールと半溶かしにしたチョコレートを加え、混ぜる。

6 大きめのバットまたはボウルに移し、空気が入らないようにラップを密着させ、冷凍庫に入れて急冷する。

《 ホイップクリームを作る 》

7 ボウルに生クリームとグラニュー糖を入れ、下に氷水を入れたボウルをかましながら泡立てる。軽くツノが立つ7〜8分立てにする。

8 6をボウルでほぐしてなめらかにする。7を加え、混ぜる。口金をつけた絞り袋に詰める。

《 チョコレート生クリームを作る 》

9 耐熱ボウルに入れたチョコレートと生クリーム〈a〉をレンジまたは湯煎で温め、チョコレートを溶かす。

10 均一に混ざったら、だんだんとのばしていくイメージで、生クリーム〈b〉を9に加えながら混ぜる。

11 10を氷水を入れたボウルにかまして冷やす。硬さが出てくるまで泡立てたら、星口金をつけた絞り袋に詰める

12 シュー皮を半分くらいの位置で切る。中に8と11を順に絞り、カットしたオレンジをのせる。

mont blanc

モンブラン

レシピ → p70

patate douce

スイートポテト

レシピ → p71

モンブラン

マロンペーストを使用したモンブランクリームをぐるぐる絞ります。
見た目も珍しいモンブランシュー。

材料
（12個分）

〔シュー生地〕
牛乳 …… 60g
水 …… 60g
無塩バター …… 52g
グラニュー糖 …… 2g
塩 …… 1g
A［薄力粉 …… 47g
　 強力粉 …… 47g
全卵 …… 135g前後

〔クッキー生地〕
無塩バター …… 50g
グラニュー糖 …… 30g
B［アーモンドパウダー …… 8g
　 薄力粉 …… 65g

〔モンブランクリーム〕
マロンペースト ……280g
無塩バター ……28g
ラム酒 ……15g

〔ホイップクリーム〕
生クリーム …… 430g
グラニュー糖 …… 34g

〔トッピング〕
粉糖 …… 適量

下準備

〔シュー生地〕
・バターは1cm角の大きさに切る。
・Aは合わせてふるう。
・全卵はボウルに入れ泡立て器でよくほぐし、常温に戻す。
・天板にオーブンシートをしく。
・オーブンを180度に予熱する。
〔クッキー生地〕
・バターは常温に戻す。
・Bは合わせてふるう。
〔モンブランクリーム〕
・バターは常温に戻す。

作り方

1 p47の①～⑤を参照してクッキー生地を作る。

2 p10～11の①～⑩を参照してシュー生地を作る。

3 天板全体にたっぷりと霧吹きし、表面をならしたあとに1をのせる。
生地がまだ温かいうちに予熱したオーブンへ入れる。

4 温度を170度にして28分を目安に焼く。

《ホイップクリームを作る》

5 ボウルに生クリームとグラニュー糖を入れ、下に氷水を入れたボウルをかましながら泡立てる。
軽くツノが立つ7～8分立てにし、モンブランクリーム用に180g取り分けておく。

6 残りの生クリームはしっかりとツノが立つ8～9分立てにし、口金をつけた絞り袋に詰める。

《モンブランクリームを作る》

7 マロンペーストをボウルに入れて練り、バター、ラム酒を加え、混ぜる。
そこに取り分けておいた5を2回に分けて混ぜ合わせる。

8 7をモンブラン口金をつけた絞り袋に詰める。

9 シュー皮を半分くらいの位置で切り、下側のシュー皮に6を山の形になるように絞る。
その周りに8を下から上へ渦を巻くように絞る（a）。

10 上側のシュー皮に茶こしで粉糖をかけて、かぶせる。

スイートポテト

モンブランシューと同じくぐるぐる絞る兄弟シュー。
卵黄とバターもプラスした奥行きあるお味のスイートポテトクリームです。

材料
（12個分）

〔シュー生地〕
牛乳 …… 60g
水 …… 60g
無塩バター …… 52g
グラニュー糖 …… 2g
塩 …… 1g
A［薄力粉 …… 47g
　 強力粉 …… 47g
全卵 …… 135g前後

〔クッキー生地〕
無塩バター …… 50g
グラニュー糖 …… 30g
B［アーモンドパウダー …… 8g
　 薄力粉 …… 65g

〔スイートポテトクリーム〕
卵黄 …… 15g
グラニュー糖 …… 20g
水 …… 26g
無塩バター …… 10g
牛乳 …… 10g
さつまいもペースト …… 350g

〔ホイップクリーム〕
生クリーム …… 320g
グラニュー糖 …… 26g

下準備

〔シュー生地〕
・バターは1cm角の大きさに切る。
・Aは合わせてふるう。
・全卵はボウルに入れ泡立て器でよくほぐし、常温に戻す。
・天板にオーブンシートをしく。
・オーブンを180度に予熱する。
〔クッキー生地〕
・バターは常温に戻す。
・Bは合わせてふるう。

作り方

a

1 p47の①〜⑤を参照してクッキー生地を作る。
2 p10〜11の①〜⑩を参照してシュー生地を作る。
3 天板全体にたっぷりと霧吹きし、表面をならしたあとに1をのせる。
生地がまだ温かいうちに予熱したオーブンへ入れる。
4 温度を170度にして28分を目安に焼く。

《ホイップクリームを作る》
5 ボウルに生クリームとグラニュー糖を入れ、下に氷水を入れたボウルをかましながら泡立てる。
軽くツノが立つ7〜8分立てにし、スイートポテトクリーム用に70g取り分けておく。
6 残りの生クリームはしっかりとツノが立つ8〜9分立てにし、口金をつけた絞り袋に詰める。

《スイートポテトクリームを作る》
7 鍋に卵黄、グラニュー糖を入れすり混ぜる。そこに水を加え、弱火でとろみがつくまで温める。
8 火からおろしバターを加え、バターが溶けたら牛乳も加えて混ぜる。
氷水を入れたボウルをかまして冷やす。
9 さつまいもペーストをボウルに入れてほぐし、冷えた8を少しずつ加えながらよく混ぜる。
10 9と取り分けておいた5を混ぜ、星口金をつけた絞り袋に詰める（a）。
11 シュー皮を半分くらいの位置でスライスし、下側のシュー皮に6を山の形になるように絞る。
その周りに10を下から上へ渦を巻くように絞る。
12 上側のシュー皮をかぶせる。

pêche
blanche

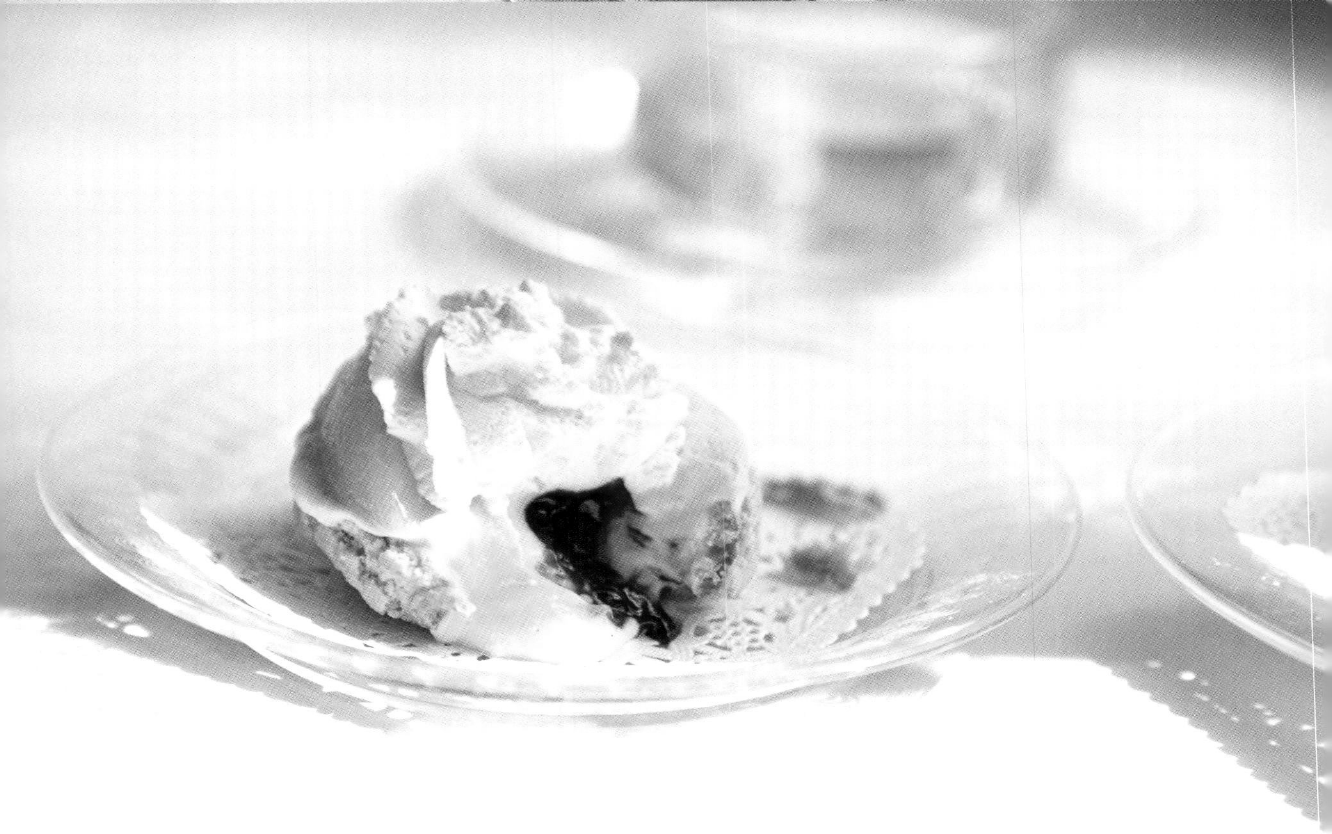

白桃ホワイト

ピーチ×バニラ×カルピスを掛け合わせた優しい味わい。
フランボワーズジャムの酸味がアクセントにぴったりなアレンジです。

材料
（12個分）

〔シュー生地〕
牛乳 …… 60g
水 …… 60g
無塩バター …… 52g
グラニュー糖 …… 2g
塩 …… 1g
A［薄力粉 …… 47g
　 強力粉 …… 47g
全卵 …… 135g前後

〔クッキー生地〕
無塩バター …… 50g
グラニュー糖 …… 30g
B［アーモンドパウダー …… 8g
　 薄力粉 …… 65g

〔ピーチカスタードクリーム〕
牛乳 …… 200g
バニラビーンズ …… 2cm
卵黄 …… 60g
グラニュー糖 …… 43g
C［薄力粉 …… 9g
　 強力粉 …… 9g
無塩バター …… 10g
ピーチリキュール …… 20g

〔カルピスホイップクリーム〕
生クリーム …… 280g
グラニュー糖 …… 22g
カルピスの原液 …… 50g

〔トッピング〕
フランボワーズジャム …… 適量
白桃 …… 適量
粉糖 …… 適量

下準備

〔シュー生地〕
・バターは1cm角の大きさに切る。
・Aは合わせてふるう。
・全卵はボウルに入れ泡立て器でよくほぐし、常温に戻す。
・天板にオーブンシートをしく。
・オーブンを180度に予熱する。

〔クッキー生地〕
・バターは常温に戻す。
・Bは合わせてふるう。
〔ピーチカスタードクリーム〕
・バニラビーンズのさやは縦に半分に切り開き、種をしごきだす。
・Cは合わせてふるう。
〔トッピング〕
・白桃は皮をむき、角切りにしたあと、
キッチンペーパーなどで余分な水分を取る。

作り方

1 p47の①～⑤を参照してクッキー生地を作る。

2 p10～11の①～⑩を参照してシュー生地を作る。

3 天板全体にたっぷりと霧吹きし、表面をならしたあとに1をのせる。
生地がまだ温かいうちに予熱したオーブンへ入れる。

4 温度を170度にして28分を目安に焼く。

《ピーチカスタードクリームを作る》

5 p12～13の①～⑦を参照してピーチカスタードクリームをたく。
⑦の工程時にピーチリキュールを加える。

6 大きめのバットまたはボウルに移し、空気が入らないようにラップを密着させ、冷凍庫に入れて急冷する。

《カルピスホイップクリームを作る》

7 ボウルに生クリームとグラニュー糖を入れ、下に氷水を入れたボウルをかましながら泡立てる。
軽くツノが立つ7～8分立てにし、ピーチカスタードクリーム用に100g取り分けておく。

8 残りのホイップクリームにカルピスを加え、8～9分立てにし、星口金をつけた絞り袋に入れる。

9 6をボウルでほぐしてなめらかにし、取っておいた7を加えて混ぜる。口金をつけた絞り袋に入れる。

10 シュー皮を半分くらいの位置で切り、下側のシュー皮に9とフランボワーズジャムを入れる。
その上に白桃をのせ、さらにその上に8を絞る。

11 上側のシュー皮に茶こしで粉糖をかけて、かぶせる。

フロマージュルージュ

チーズクリームにフレッシュなベリー。キルシュの香りが全体をまとめます。
少し大人向けのお洒落なシュークリーム。

材料
（12個分）

〔シュー生地〕
牛乳 …… 60g
水 …… 60g
無塩バター …… 52g
グラニュー糖 …… 2g
塩 …… 1g
A［薄力粉 …… 47g
　 強力粉 …… 47g
全卵 …… 135g前後

〔クッキー生地〕
無塩バター …… 50g
グラニュー糖 …… 30g
B［アーモンドパウダー …… 8g
　 薄力粉 …… 65g
食用色素（ピンク）…… 適量

〔フロマージュカスタードクリーム〕
牛乳 …… 150g
卵黄 …… 45g
グラニュー糖 …… 32g
C［薄力粉 …… 7g
　 強力粉 …… 7g
無塩バター …… 8g
クリームチーズ …… 113g

〔ホイップクリーム〕
生クリーム …… 200g
グラニュー糖 …… 16g
キルシュ …… 8g

〔トッピング〕
いちご …… 適量
フランボワーズ …… 適量
ブルーベリー …… 適量

下準備

〔シュー生地〕
・バターは1cm角の大きさに切る。
・Aは合わせてふるう。
・全卵はボウルに入れて泡立て器でよくほぐし、常温に戻す。
・天板にオーブンシートをしく。
・オーブンを180度に予熱する。
〔クッキー生地〕
バターは常温に戻す。
Bは合わせてふるう。
〔フロマージュカスタードクリーム〕
・Cは合わせてふるっておく。

作り方

1 p47の①〜⑤を参照してクッキー生地を作る。

2 p10〜11の①〜⑩を参照してシュー生地を作る。

3 天板全体にたっぷりと霧吹きし、表面をならしたあとに1をのせる。
生地がまだ温かいうちに予熱したオーブンへ入れる。

4 温度を170度にして28分を目安に焼く。

《フロマージュカスタードクリームを作る》

5 p12〜13の①〜⑦を参照してカスタードクリームをたく。

6 大きめのバットまたはボウルに移し、空気が入らないようにラップを密着させ、冷凍庫に入れて急冷する。

《ホイップクリームを作る》

7 ボウルに生クリームとグラニュー糖を入れ、下に氷水を入れたボウルをかましながら泡立てる。
軽くツノが立つ7〜8分立てにし、フロマージュカスタードクリーム用に75g取り分けておく。

8 残りのホイップクリームにキルシュを加え、8〜9分立てにし、星口金をつけた絞り袋に詰める。

9 6をボウルでほぐしてなめらかにし、取っておいた7を加えて混ぜる。

10 クリームチーズをボウルでほぐし、9を⅓ほど加えて混ぜる。

11 残りの9を全て加えて均一になるまで混ぜ、口金をつけた絞り袋に詰める。

12 シュー皮を⅓くらいの位置で切り、11、8の順に絞る。

13 カットしたいちご、フランボワーズ、ブルーベリーを添える。

fromage et fraise

pomme
et cannelle

アップルハニーシナモン

はちみつとシナモンで煮詰めたりんごはカスタードクリームと相性抜群。
シナモンの量はお好みで。

材料
（12個分）

〔シュー生地〕
牛乳……60g
水……60g
無塩バター……52g
グラニュー糖……2g
塩……1g
A［薄力粉……47g
　 強力粉……47g
全卵……135g前後

〔クッキー生地〕
無塩バター……50g
グラニュー糖……30g
B［アーモンドパウダー……8g
　 薄力粉……65g

〔りんごのコンポート〕
水……100g
レモン果汁……2g
りんご……300g
グラニュー糖……132g
はちみつ……33g
シナモン……適量

〔アップルハニーシナモンクリーム〕
D［牛乳……280g
　 卵黄……87g
　 グラニュー糖……67g
　 C［薄力粉……18g
　 　 強力粉……18g
りんごのコンポート……60g
グラニュー糖……12g
はちみつ……30g
シナモン……適量

〔ホイップクリーム〕
生クリーム……100g
グラニュー糖……8g

下準備

〔シュー生地〕
・バターは1cm角の大きさに切る。
・Aは合わせてふるう。
・全卵はボウルに入れ泡立て器でよくほぐし、常温に戻す。
・天板にオーブンシートをしく。
・オーブンを180度に予熱する。

〔クッキー生地〕
・バターは常温に戻す。
・Bは合わせてふるう。
〔アップルハニーシナモンクリーム〕
・Cは合わせてふるう。

作り方

1 p47の①〜⑤を参照してクッキー生地を作る。

2 p10〜11の①〜⑩を参照してシュー生地を作る。

3 天板全体にたっぷりと霧吹きし、表面をならしたあとに1をのせる。
生地がまだ温かいうちに180度で予熱したオーブンへ入れる。

4 温度を170度にして28分を目安に焼く。

《りんごのコンポートを作る》

5 鍋に水とレモン果汁を入れる。皮をむいたりんごを5mm程の角切りにして鍋に入れる。

6 5にグラニュー糖を入れ中火にかける。グツグツしてきたらアクを取りのぞき、弱火にする。

7 6の水分量が(a)の写真ぐらいになったらはちみつを加える。その後火からおろしシナモンを加える。

8 大きめのバットまたはボウルに移し、空気が入らないようにラップを密着させ、冷凍庫に入れて急冷する。

《アップルハニーシナモンクリームを作る》

9 p12〜13の①〜⑥を参照してDの材料でカスタードクリームをたく。

10 大きめのバットまたはボウルに移し、空気が入らないようにラップを密着させ、冷凍庫に入れて急冷する。

《ホイップクリームを作る》

11 ボウルに生クリームとグラニュー糖を入れ、下に氷水を入れたボウルをかましながら泡立てる。軽くツノが立つ7〜8分立てにする。

12 10をボウルでほぐしてなめらかにする。11の半量を加え、混ぜる。

13 残りの11を加え、均一になるまで混ぜる。そこに8を60g、グラニュー糖、はちみつ、シナモンを加えて混ぜる。口金をつけた絞り袋に詰める。

14 シュー皮を上めの位置でスライスし、下側のシュー皮に13を絞り、その上に残りの8をのせる。上側のシュー皮をかぶせる。

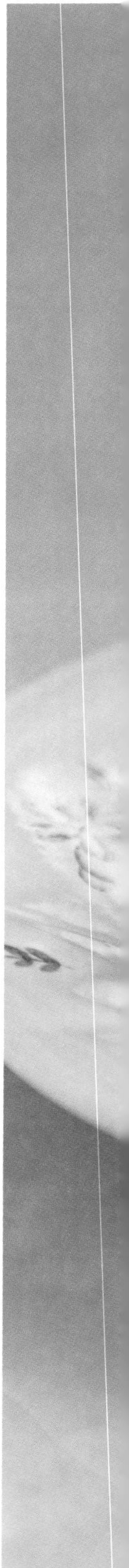

fraise et crème

ルリジューズ フレーズ

レシピ → p81

noisette et chocolat

ルリジューズ ヘーゼルナッツショコラ

レシピ → p82

ルリジューズ フレーズ

2つのシューを上に重ねた見た目も可愛いルリジューズ。
中から覗くのは滑らかカスタードと甘酸っぱい角切りいちご。

材料

（12個分）

〔シュー生地〕
牛乳……60g
水……60g
無塩バター……52g
グラニュー糖……2g
塩……1g
A［薄力粉……47g
　 強力粉……47g
全卵……135g前後

〔クッキー生地〕
無塩バター……50g
グラニュー糖……30g
B［アーモンドパウダー……8g
　 薄力粉……65g

〔カスタードクリーム（いちご入り）〕
牛乳……300g
バニラビーンズ……3cm
卵黄……90g
グラニュー糖……65g
C［薄力粉……13g
　 強力粉……14g
無塩バター……15g
いちご……5個

〔ホイップクリーム〕
生クリーム……200g
グラニュー糖……20g

〔トッピング〕
ストロベリーチョコレート
……100g

下準備

〔シュー生地〕
・バターは1cm角の大きさに切る。
・Aは合わせてふるう。
・全卵はボウルに入れ泡立て器でよくほぐし、常温に戻す。
・天板にオーブンシートをしく。
・オーブンを180度に予熱する。

〔クッキー生地〕
・バターは常温に戻す。
・Bは合わせてふるう。

〔カスタードクリーム（いちご入り）〕
・バニラビーンズのさやは縦に半分に切り開き、種をしごきだす。
・Cは合わせてふるう。

作り方

1 p47の①〜⑤を参照してクッキー生地を作る。

2 p10〜11の①〜⑨を参照してシュー生地を作る。小さい方は2cm、大きい方は3cmを目安にそれぞれ12個ずつ絞る。

3 天板全体にたっぷりと霧吹きし、表面をならしたあとに1をのせる。生地がまだ温かいうちに180度で予熱したオーブンへ入れる。

4 温度を170度にして15分を目安に焼く。

《カスタードクリームを作る》

5 p12〜13の①〜⑦を参照してカスタードクリームをたく。

6 大きめのバットまたはボウルに移し、空気が入らないようにラップを密着させ、冷凍庫に入れて急冷する。

《ホイップクリームを作る》

7 生クリームにグラニュー糖を入れ、下に氷水を入れたボウルをかましながら泡立てる。軽くツノが立つ7〜8分立てにし、カスタードクリーム用に150g取り分けておく。

8 残りの生クリームはしっかりツノが立つ8〜9分立てにし、サルタン口金をつけた絞り袋に詰める。

9 6をボウルでほぐしてなめらかにし、取り分けておいた7を2回に分けて均一になるまで混ぜる。

10 9に角切りにしたいちごを加え、口金をつけた絞り袋に詰める。

11 大小それぞれのシュー皮の一部にナイフもしくは箸で小さな穴を開け、10を絞る。
＊小は下、大は上に穴を開けると見た目が綺麗に仕上がる。

12 レンジまたは湯煎でトッピング用のストロベリーチョコレートを溶かす。大小それぞれのシュー皮表面の⅓程度をストロベリーチョコレートにくぐらせて固まるまで冷やす。

13 チョコレートが固まったら大きい方のシューの上に8を絞り、その上に小さい方のシューをのせる。

ルリジューズ　ヘーゼルナッツショコラ

ルリジューズシリーズ第2弾！　ヘーゼルナッツとキャラメル、
チョコレートの贅沢で濃厚な味わいを楽しめます。

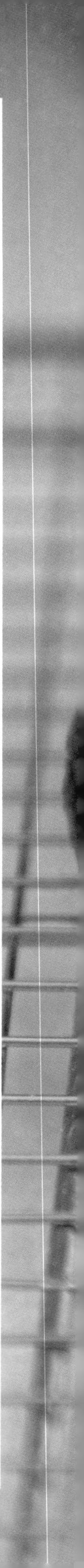

材料

（12個分）

〔シュー生地〕
牛乳 …… 60g
水 …… 60g
無塩バター …… 52g
グラニュー糖 …… 2g
塩 …… 1g
A［薄力粉 …… 47g
　 強力粉 …… 47g
全卵 …… 135g前後

〔クッキー生地〕
無塩バター …… 50g
グラニュー糖 …… 30g
B［薄力粉 …… 50g
　 ココア（粉末）…… 6g

〔ヘーゼルナッツクリーム〕
牛乳 …… 280g
卵黄 …… 90g
グラニュー糖 …… 60g
薄力粉 …… 20g
C［チョコレート …… 65g
　 ヘーゼルナッツプラリネ …… 25g

〔ホイップクリーム〕
生クリーム …… 170g
グラニュー糖 …… 15g

下準備

〔シュー生地〕
・バターは1cm角の大きさに切る。
・Aは合わせてふるう。
・全卵はボウルに入れ泡立て器でよくほぐし、常温に戻す。
・天板にオーブンシートをしく。
・オーブンを180度に予熱する。

〔クッキー生地〕
・バターは常温に戻す。
・Bは合わせてふるう。

〔ヘーゼルナッツクリーム〕
・薄力粉はふるう。
・Cは耐熱ボウルに入れ、カスタードクリームをたく直前にレンジで50秒ほど温めるか、お湯の上で温めて、半溶かしにする。

作り方

1 p47の①〜⑤を参照してクッキー生地を作る。

2 p10〜11の①〜⑨を参照してシュー生地を作る。小さい方は2cm、大きい方は3cmを目安にそれぞれ12個ずつ絞る。

3 天板全体にたっぷりと霧吹きし、表面をならしたあとに1をのせる。生地がまだ温かいうちに180度で予熱したオーブンへ入れる。

4 温度を170度にして15分を目安に焼く。

《ヘーゼルナッツクリームを作る》

5 p12〜13の①〜⑦を参照してカスタードクリームをたく。⑦の工程時に半溶かしにしたチョコレートとヘーゼルナッツプラリネを加え、均一になるまで混ぜる。

6 大きめのバットまたはボウルに移し、空気が入らないようにラップを密着させ、冷凍庫に入れて急冷する。

《ホイップクリームを作る》

7 ボウルに生クリームとグラニュー糖を入れ、下に氷水を入れたボウルをかましながら泡立てる。軽くツノが立つ7〜8分立てにし、ヘーゼルナッツクリーム用に120g取り分けておく。

8 残りのホイップクリームはしっかりツノが立つ8〜9分立てにし、サルタン口金をつけた絞り袋に入れる。

9 6をボウルでほぐしてなめらかにし、取りわけておいた7を加えて混ぜる。口金をつけた絞り袋に詰める。

10 大小それぞれのシュー皮の一部にナイフもしくは箸で小さな穴を開け、9を絞る。＊小は下、大は上に穴を開けると見た目が綺麗に仕上がる。

11 大きい方のシューの上に8を絞り、その上に小さいシューをのせる。

recette de choux
à la crème

惣菜系シュークリーム

生地を多く作りすぎてしまったときはシューラスクなどにアレンジするのもいいけど、たまには気分を変えてサラダやグラタンなどを挟むのもおすすめ。生地の主張が強くないので割とどんな食材とも相性良く楽しめます。

chapitre 3

粒マスタードポテトサラダ（左）＆アンチョビポテトサラダ（右）

それぞれ違った味付けと仕上げを施したポテトサラダを2つ。
少し手の込んだお洒落な前菜にどうぞ。

材料

〔シュー生地〕（12個分）
牛乳……60g
水……60g
無塩バター……52g
グラニュー糖……2g
塩……1g
A［薄力粉……47g
　 強力粉……47g
全卵……135g前後

〔粒マスタードポテトサラダ〕（6個分）
じゃがいも（中サイズ）……2個
ベーコン……3枚
マヨネーズ……大さじ3
牛乳……大さじ3
粒マスタード……大さじ1
塩……適量
黒こしょう……適量
パセリ……適量

〔アンチョビポテトサラダ〕（6個分）
じゃがいも（中サイズ）……2個
アンチョビ（フィレ）……4枚
マヨネーズ……大さじ3
牛乳……大さじ3
塩……適量
黒こしょう……適量
フライドオニオン……適量

下準備

〔シュー生地〕
・バターは1cm角の大きさに切る。
・Aは合わせてふるう。
・全卵は泡立て器でよくほぐし、常温に戻す。
・天板にオーブンシートをしく。
・オーブンを180度に予熱する。

作り方

【共通】

1 p10～11を参照してシュー皮を作る。

2 じゃがいもを水で洗ったら、そのままラップに包み、レンジで4分ほど加熱する。ふきんなどに包んで5分ほど蒸らし、手で触っても大丈夫な温度になるまで置いておく。
＊つまようじがすっと入る硬さを目安に加熱時間は調整する。

【粒マスタードポテトサラダ】

3 ベーコンを細かくきざみ、中火に熱したフライパンで少しこんがりする程度に炒める。

4 じゃがいもの皮をむき、フォークで粗めに潰す。そこに3とマヨネーズ、牛乳、粒マスタードを加えて和える。塩、黒こしょうで味を調える。

5 上から$\frac{1}{3}$辺りを切ったシュー皮に4を入れて、きざんだパセリをかける。

【アンチョビポテトサラダ】

3 アンチョビを包丁で細かくきざむ。

4 じゃがいもの皮をむき、フォークで粗めに潰す。そこにアンチョビ、マヨネーズ、牛乳を加えて和える。塩、黒こしょうで味を調える。

5 上から$\frac{1}{3}$辺りを切ったシュー皮に4を入れて、フライドオニオンをかける。

アボカドクリームとスモークサーモン

アボカドにクリームチーズを合わせたディップクリームにスモークサーモンをトッピング。
見た目もお洒落なサラダエクレア。

材 料
（15個分）

〔シュー生地〕
牛乳 …… 60g
水 …… 60g
無塩バター …… 52g
グラニュー糖 …… 2g
塩 …… 1g
A［薄力粉 …… 47g
　 強力粉 …… 47g
全卵 …… 135g前後

〔アボカドサラダ〕
玉ねぎ …… ¼個
アボカド …… 2個
クリームチーズ …… 80g
マヨネーズ …… 大さじ2
レモン汁 …… 小さじ2
スモークサーモン …… 360g
塩 …… 適量
黒こしょう …… 適量

下準備

〔シュー生地〕
・バターは1cm角の大きさに切る。
・Aは合わせてふるう。
・全卵はボウルに入れ泡立て器でよくほぐし、常温に戻す。
・天板にオーブンシートをしく。
・オーブンを180度に予熱する。

作り方

1 p10〜11の①〜⑦を参照してシュー生地を作る。
2 口径12〜15mmの丸口金をつけた絞り袋に詰め、13cmほどの棒状に絞る。
3 天板全体にたっぷりと霧吹きし、綺麗な棒状に整える。
生地がまだ温かいうちに予熱したオーブンへ入れる。
4 温度を160度にして35分を目安に焼く。

《アボカドサラダを作る》

5 玉ねぎをみじん切りにする。軽く塩をふって5分ほどおいて、水気をとる。
6 アボカドは半分に切って種を取り除く。スプーンで果肉を取り出し、粗めに潰す。
7 クリームチーズにマヨネーズ、レモン汁を加え、混ぜる。
8 アボカドに5と7を加えて混ぜ合わせ、塩、黒こしょうで味を調える。
9 シュー皮を半分に切り、中に8を入れ、スモークサーモンをのせる。黒こしょうをふりかける。

かぼちゃサラダ

レーズン、くるみ、ベーコンなどを合わせたデリ風かぼちゃサラダ。
かぼちゃの潰し具合はお好みで。

材 料
（12個分）

〔シュー生地〕
牛乳 …… 60g
水 …… 60g
無塩バター …… 52g
グラニュー糖 …… 2g
塩 …… 1g
A 薄力粉 …… 47g
　強力粉 …… 47g
全卵 …… 135g前後

〔かぼちゃサラダ〕
かぼちゃ …… 380g
くるみ …… 30g
ベーコン …… 3枚
レーズン …… 30g
無塩バター …… 15g
ヨーグルト …… 大さじ4
生クリーム …… 大さじ2
マヨネーズ …… 大さじ2
はちみつ …… 大さじ2
塩 …… 適量
黒こしょう …… 適量

〔トッピング〕
アーモンドダイス …… 適量

下準備

〔シュー生地〕
・バターは1cm角の大きさに切る。
・Aは合わせてふるう。
・全卵はボウルに入れ泡立て器でよくほぐし、常温に戻す。
・天板にオーブンシートをしく。
・オーブンを180度に予熱する。
〔かぼちゃサラダ〕
・くるみはオーブンかトースターで軽く色がつくまでローストする。
〔トッピング〕
・アーモンドダイスはオーブンかトースターで軽く色がつくまでローストして砕く。

作り方

1 p10～11の①～⑩を参照してシュー生地を作る。

2 天板全体にたっぷりと霧吹きし、表面をならしたあとアーモンドをかける。
生地がまだ温かいうちに予熱したオーブンへ入れる。

3 温度を170度にして28分を目安に焼く。

《かぼちゃサラダを作る》

4 かぼちゃを水で洗ったら、タネをとり、一口大に切り、レンジで6分ほど加熱する。
＊つまようじがすっと入る硬さを目安に加熱時間は調整する。

5 ベーコンは5mm幅に切り、フライパンにバターを5g溶かし、カリカリになるまで炒める。

6 温かい状態のかぼちゃに残りのバターを加え、溶かしながらかぼちゃを潰す。

7 ヨーグルト、生クリーム、マヨネーズ、はちみつを6に加えて混ぜる。

8 7にくるみ、ベーコン、レーズンを加えて混ぜ合わせ、塩、黒こしょうで味を調える。

9 シュー皮の上から1/3辺りを切り、中に8を入れる。

きのことチキンのクリーム煮

きのことチキンがゴロゴロ入ったクリーム煮をとろけるチーズで
グラタン風に仕上げました。

材料
（12個分）

〔シュー生地〕
牛乳 …… 60g
水 …… 60g
無塩バター …… 52g
グラニュー糖 …… 2g
塩 …… 1g
A［薄力粉 …… 47g
　 強力粉 …… 47g
全卵 …… 135g前後

〔チキンのクリーム煮〕
鶏もも肉 …… 2枚
薄力粉 …… 大さじ6
無塩バター …… 40g
玉ねぎ …… ¼個
牛乳 …… 400g
しめじ …… 1株
エリンギ …… 2本
コンソメ …… 大さじ1
塩 …… 適量
黒こしょう …… 適量
ピザ用チーズ …… 適量

下準備

〔シュー生地〕
・バターは1cm角の大きさに切る。
・Aは合わせてふるう。
・全卵はボウルに入れ泡立て器でよくほぐし、常温に戻す。
・天板にオーブンシートをしく。
・オーブンを180度に予熱する。

作り方

1 p10〜11を参照してシュー皮を作る。

《チキンのクリーム煮を作る》

2 鶏もも肉は1.5cm角に切り、塩をふたつまみほどふって薄力粉をまぶす。

3 玉ねぎは5mm幅に切る。耐熱容器に入れてレンジで1分半加熱する。
しめじは石づきを切り落とし横半分に切ってさく。エリンギは1.5cm角に切る。

4 フライパンにバターを溶かし、鶏肉に火が入るまで中火で焼く。

5 4に薄力粉を入れる。ダマにならないよう混ぜながら、牛乳を少しずつ加える。

6 5に玉ねぎときのこ類、コンソメを入れ、グツグツとしてきたら蓋をし、
弱火で2分ほど煮込む。

7 蓋を外し、とろみがつくまで煮込む。

8 上から⅓辺りを切ったシュー皮に7を入れる。
チーズをかけてオーブントースターで焼く。
＊切った上側のシュー皮は細かくして、具材を詰める前にシュー皮の中に入れる（a）。

9 チーズが溶けたら取り出して黒こしょうをふる。

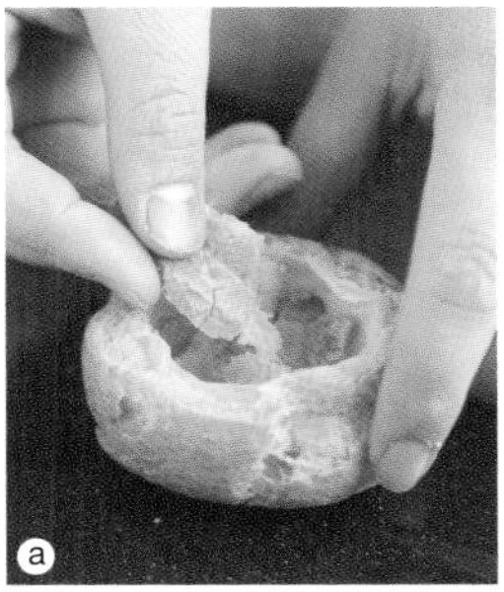
a

なすとたまごのミートソース

なすとゆで卵のミートソースにチーズをかけてオーブンでベイク。
ボリューム感ある一品に。

材 料
（12個分）

〔シュー生地〕
牛乳 …… 60g
水 …… 60g
無塩バター …… 52g
グラニュー糖 …… 2g
塩 …… 1g
A［薄力粉 …… 47g
　 強力粉 …… 47g
全卵 …… 135g前後

〔ミートソース〕
卵 …… 3個
なす …… 1本
にんにく …… 1かけ
ミートソース缶（290g）…… 1缶
チーズ …… 適量
塩 …… 適量
黒こしょう …… 適量
パセリ …… 適量

下準備

〔シュー生地〕
・バターは1cm角の大きさに切る。
・Aは合わせてふるう。
・全卵はボウルに入れ泡立て器でよくほぐし、常温に戻す。
・天板にオーブンシートをしく。
・オーブンを180度に予熱する。

作り方

1 p10〜11を参照してシュー皮を作る。

《ミートソースを作る》

2 小鍋に湯を沸かし、卵を入れて9分間ゆでる。冷水で冷まし、殻をむき、1cm角に切る。

3 なすは軽く洗いヘタを切って、1cm角に切る。にんにくはみじん切りにする。

4 フライパンにオリーブオイル（分量外）とにんにくを入れる。
温まったらなすを入れ、しんなりするまで焼く。

5 4にミートソースとゆで卵を入れてとろみがつくまで煮詰める。

6 上から$\frac{1}{3}$辺りを切ったシュー皮に5を入れる。チーズをかけてオーブントースターで焼く。
＊切った上部のシュー皮は細かくして、具材を詰める前にシュー皮の中に入れる（p93のaを参照）。

7 チーズが溶けたら取り出してきざんだパセリをふる。

chou à la crème Capri

オーナーパティシエ　角島 瑞希

専門学校卒業後すぐ21歳で開業し、話題の人気店となる。現在は大阪で2店舗を経営中。毎月新作を開発し、今までに商品化したシュークリームのレシピは80種類を超える。様々なイベントに参加しメディアへも出演する。専門学校やオンライン教育サービスColosoの講師も務める。従来のパティシエの働き方にとらわれない、新進気鋭の女性パティシエとして注目を集める。

ちょっと贅沢なとっておきのレシピ

至福のシュークリーム

2023年11月10日　初版発行

著者	角島瑞希
調理アシスタント	松永信也　松尾実玲
スタイリング	木村 遥
撮影	奥田京介
デザイン	高橋 良［chorus］
校正	株式会社 鷗来堂
編集	岸 亮典
材料協力	富澤商店（TOMIZ）
撮影協力	株式会社友安製作所
発行者	鈴木伸也
発行	株式会社大泉書店 〒105-0001 東京都港区虎ノ門4-1-40　江戸見坂森ビル4F 電話 03-5577-4290（代表）　FAX 03-5577-4296 振替 00140-7-1742
印刷	半七写真印刷工業株式会社
製本	株式会社明光社

ISBN 978-4-278-03830-9 C0077